W0365033

Karl Mayer · Gerald Kapfer
WEIHNACHTSKRIPPEN aus Garsten, Steyr, Christkindl

Karl Mayer

WEIHNACHTSKRIPPEN

aus Garsten, Steyr, Christkindl

Ein Kind ist uns geboren

Fotografien Gerald Kapfer

ENNSTHALER VERLAG, A-4401 STEYR

Vordere Umschlagseite:
Kastenkrippe, 1893, vermutlich aus Garsten

Hintere Umschlagseite:
Frühe Form der Kastenkrippe, um 1800, Steyr-Garsten

Vorsatz, Nachsatz:
Motive aus dem Adventbehang von Johann Martin Schmidt (Kremser Schmidt) in der Garstner Stiftskirche, 1777:
Verkündigung Mariens, Verkündigung Josefs

Bild Seite 9:
Wachs-Jesukind, in einem Kripperl auf Strohähren liegend (Gebrüder Weinkamer, Salzburg, um 1900)

2. korrigierte Auflage 2001
© 2001 by Ennsthaler Verlag, Steyr
Ennsthaler Gesellschaft m.b.H. & Co KG, A-4401 Steyr
Druck: Ernst Denkmayr GmbH, A-4020 Linz

www.ennsthaler.at

ISBN 3-85068-564-0

Inhaltsverzeichnis

ZUM GELEIT 6

Vorwort 10

KRIPPENTRADITION 12
Das Benediktinerstift Garsten 12
Ein Blick in die Stadtgeschichte von Steyr 13
Weihnachtsspiel und Weihnachtsdialog 18
Die Jahreskrippe 20
Die Kastenkrippe 20

GARSTNER NAGELSCHMIEDKRIPPEN 22

ALTE STEYRER KRIPPEN 37
Das Steyrer Kripperl 48

KRIPPENJAHRE – KRIPPENSCHAFFEN HEUTE 51
Wie die 1. mechanische Garstner Kastenkrippe entstand 57

LEGENDE CHRISTKINDL 63
Die Mechanische Krippe von Christkindl 66
Der Aufbau der Krippe und ihre Figuren 68
Die größte Krippe der Welt – Ferdinand Pöttmesser 73

DIE GESTALTUNG DER KASTENKRIPPE 77

DIE PERSONEN DER KRIPPE 81
Die Loahmmandelfiguren 82

DIE SYMBOLIK IN DER WEIHNACHTSKRIPPE 90

Literaturhinweise 101
Krippenliteratur 102
Ausstellungen, Öffnungszeiten, Kontaktadressen 103

Zum Geleit

Jede Form einer Volkskultur entsteht im gesellschaftlichen Zusammenwirken der Menschen. Volkskultur ist letztlich alles das, was der Mensch in seiner Vielseitigkeit an Werken hervorbringt.
Dies gilt im besonderen für die weit zurückreichende Krippentradition in unserer Gemeinde. Bis in die Zeit des Benediktinerklosters kann diese kreative Auseinandersetzung des Menschen mit der Weihnachtskrippe zurückverfolgt werden. Waren es vorerst die Künstler, die mit feiner Hand ausdrucksstarke Krippenfiguren schnitzten, so nahmen sich bald einfache Menschen des Volkes um die Gestaltung ihrer Weihnachtskrippen an.
Diese natürliche Entwicklung, geprägt von Handwerk und Landschaft, spiegelt sich in der religiösen Volkskunst besonders in der Form der bodenständigen Kastenkrippe seit dem beginnenden 19. Jahrhundert wider.
In besonderem Maße wurde die Garstner Krippenbautradition durch den nun schon eineinhalb Jahrzehnte hindurch gestalteten Garstner Adventmarkt wiederbelebt. Garsten ist, zusammen mit Steyr und Christkindl, als Krippenzentrum wiederentdeckt worden. Man darf wohl mit Recht von der Christkindlregion sprechen.
Mit der Dokumentation bodenständiger Formen der Weihnachtskrippe ist aber auch eine Belebung der Tradition unseres Lebensraums, in Verantwortung für zukünftige Generationen, verbunden.

Es muß weiterhin unsere Aufgabe sein, günstige Bedingungen zu schaffen, daß die schöpferischen Kräfte des einzelnen geweckt werden und daß Kreativität gefördert wird. Auch in dieser Hinsicht verdient die Gestaltung heimatlicher Weihnachtskrippen unsere Beachtung.
So kommt diesem Bildband über die Weihnachtskrippe eine besondere Bedeutung zu, weil er neben dem umfassenden Bild eines kulturellen Umfeldes der Verschiedenartigkeit alter und neuer Krippenbaukunst auch den Blick auf das wunderbare Geschehen der Weihnacht eröffnet. Der Friede, der mit dem Jesukind in die Welt gekommen ist, soll uns ermutigen, der Lieblosigkeit und Gewalt in der Welt entgegenzutreten.
Ich gratuliere den beiden Autoren zu diesem gelungenen Krippenband und bin überzeugt, daß er große Wertschätzung finden wird.

Franz Steininger
Bürgermeister der Marktgemeinde Garsten

Zum Geleit

DAS WUNDER BEGREIFEN

Die Krippe und ihre angestammte Tradition in unserem Land rückt in den letzten Jahren immer mehr in den Mittelpunkt des allgemeinen Interesses. Seit dem allgemeinen Einzug des Christbaums in diesem Jahrhundert, auch in Oberösterreich, war sie ja stark an den Rand des weihnachtlichen Brauchtums in der Familie gedrängt worden.
Vergessen und verschwunden war sie allerdings nie. Sie war nach wie vor in den Kirchen präsent und wurde trotzdem auch in vielen Familien immer wieder aufgestellt und von Generation zu Generation weitergegeben.
Und Gott sei Dank haben wir immer wieder die liebenswürdigen Sammler und Bewahrer alter Dinge, die immer bereit sind, ihre Schubladen zu öffnen, um die Menschen für das Althergebrachte neu zu begeistern.
Dieser Begeisterung hat sich auch das Ehepaar Mayer seit Jahren hingegeben. Sie erforschten und entdeckten gemeinsam die besonderen Krippen ihrer Heimat in und um Garsten, Steyr und Christkindl. Aus dem lebendigen Umgang mit der heimatlichen Krippe wurden sie zu Experten, und sie bemühen sich, alte Formen und Techniken der Krippenherstellung unverfälscht zu vermitteln.
Jahr für Jahr gestalten sie im Rahmen des Garstner Adventmarkts eine besonders interessante und liebenswürdige Krippenschau.
Es ist schön, daß dieses Wissen in einem Buch dokumentiert wird, und ich bin sicher, daß sich viele Oberösterreicher über dieses Buch freuen werden.
Es gibt kaum ein religiöses Thema, das in so vielfacher Art aufbereitet wurde wie das Geheimnis von Weihnachten. Große Talente, einfache Künstler und naive Laien haben Krippen gestaltet, Kunstsinn, Frömmigkeit und Heimatbezogenheit äußern sich in ihren Darstellungen.
Eines aber müssen wir immer bedenken. Die Krippe ist keine Verniedlichung des Weihnachtsthemas, sondern Konkretisierung und Realisierung des Evangeliums. Das Heilsgeschehen, in unseren Lebensraum und in unsere Denkvorstellungen verlegt, bringt uns das Wunder der Menschwerdung ein bißchen unmittelbarer nahe.
Auch dieses Buch wird dazu beitragen, Gottes Wunder für uns alle ein bißchen greifbarer zu machen.

Anneliese Ratzenböck

Auf einmal war der Engel
von tausend und aber-
tausend Engeln
umgeben,
Engel,
ein einziges Licht,
ein riesiger Glanz voller Engel
zwischen Himmel und Weide.
Sie lobten Gott und sangen:
„Ehre für Gott, Ehre für Gott!
Im Himmel Ehre für Gott
und Friede auf Erden
den Menschen,
denn Gott liebt sie,
Halleluja!“
Und dann waren sie weg.

Still lag die Weide
unter dem dunklen Himmel.
„Der Messias ist gekommen,
der Davidssohn“,
flüsterte einer noch ganz benommen.
Da sprangen sie auf die Beine.

Silja Walter

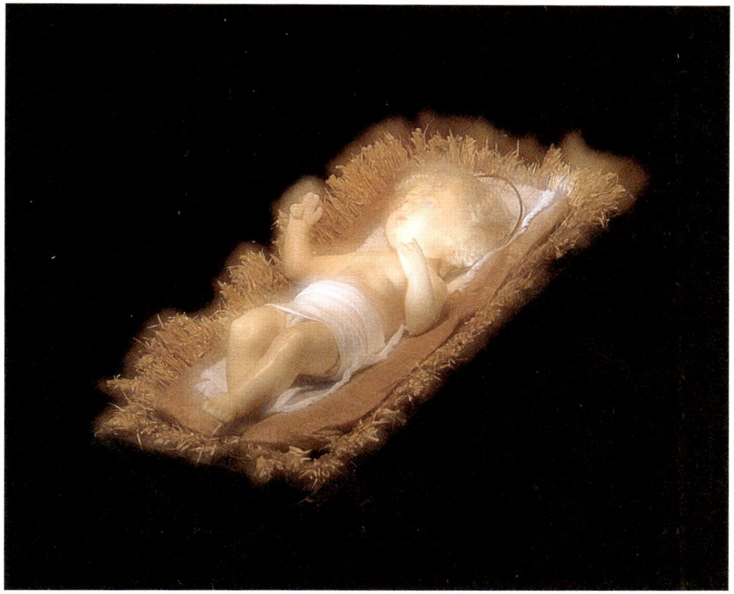

Vorwort zur 1. Auflage

Es ist uns ein vertrautes Bild geworden: Die Hirten halten Nachtwache bei ihrer Herde. Helles Licht umstrahlt sie, und der Engel verkündet ihnen, daß der Heiland geboren wurde. Als der Himmel voller Licht und voller Jubel war, machten sie sich auf und fanden das Kind in der Krippe.

Puer natus est – ein Kind ist uns geboren. In diesem Satz mischt sich die Freude mit der Sehnsucht vieler Generationen, daß sich die Verheißung erfüllen möge. „Auf seinen Schultern ruht die Herrschaft, endlos ist der Friede für Davids Thron und sein Königreich in Recht und Gerechtigkeit" verkündet der Prophet im Alten Testament (Jesaia 9,5). Auch die Menschen im damaligen römischen Weltreich sehnten den Frieden herbei: „Sei ihm gewogen, dem Kind, mit dem auf der ganzen Welt ein goldenes Zeitalter aufbrechen wird" (Vergil, 4. Ekloge).

Die Hirten haben die Botschaft des Engels verstanden. Sie sahen das Kind und erzählten den Leuten, was ihnen über dieses Kind gesagt worden war. Und alle, die es hörten, staunten über die Worte der Hirten.

So wird auch für uns das vertraute Bild zur Botschaft, wenn wir nach dem Advent die Weihnachtskrippe aufstellen oder ganz einfach Kripperlschauen gehen. Der Betrachter der Krippe wird zum Menschen der Krippe. Jeder kann sich selber finden im staunenden, anbetenden, jubelnden Hirten, in den Gabenbringern, in der Gestalt der Könige. Wir erleben die Geburt Christi im ärmlichen Stall zu Bethlehem, in einer Felsengrotte, in einem Ruinenstall, in einer Höhle in der Umgebung unseres bekannten Lebensraums. Wir erleben die Anbetung der Hirten, die Huldigung der Drei Könige, und wir erleben – im weiteren Rahmen – die Verkündigung Marias (und Josefs), die Herbergsuche, die Flucht nach Ägypten.

Wir sollten uns ansprechen lassen von der schlichten volkstümlichen Darstellung des Geschehens um die Geburt des Jesuskinds.

Und so ist dieses Buch den Freunden der Weihnachtskrippe gewidmet, die sich in den Menschen der Krippe wiederfinden wollen, unter dem Stern von Bethlehem.

Es gibt noch eine ganz persönliche Zueignung. Ich habe dieses Vorwort in der Nacht geschrieben, als unser Enkel Daniel geboren wurde. Er ist für mich und meine Familie ein Teil der vorweihnachtlichen Freude geworden.

Besonders danken möchte ich aber meiner Frau Elfi, die nicht nur die Entwicklung dieses Buchs begleitet hat. Gemeinsam haben wir uns einfangen lassen von der Strahlkraft der Weihnachtskrippe, und gemeinsam haben wir uns auf den Weg gemacht, der Tradition der heimatlichen Weihnachtskrippe nachzuspüren.

Karl Mayer

Vorwort zur 2. Auflage

Mit dem Erscheinen der 1. Auflage des Weihnachtskrippenbuchs im Jahr 1992 rückte eine Krippenlandschaft ins Blickfeld, die bis dahin kaum beachtet wurde. Die alten Krippen der Nagelschmiede in Garsten, Steyr, im Enns- und Steyrtal, die „Nagelschmiedkrippen", sind ein Zeugnis der Volksfrömmigkeit und der Kunstfertigkeit einfacher Handwerker in einer Gegend, die von der Verarbeitung des Eisens geprägt war. Sie statteten ihre Kastenkrippen mit den Loahmmandelfiguren aus, die in Modeln geformt und in den Essen der Schmieden gehärtet wurden. Heute werden in vielen Kursen neue Kastenkrippen nach dem Vorbild der „Ennstaler Krippen" gebaut, und das Interesse scheint nicht nachzulassen.

Auch große Ausstellungen haben die Kastenkrippe bekannt gemacht. Die Ausstellung „Krippenland an der Eisenstraße" im Rahmen der OÖ Landesausstellung 1998 in Garsten begeisterte die Besucher aus ganz Österreich und aus dem Ausland, Ausstellungen in Giffoni (Salerno), San Benedetto del Tronto (Ancona) und Hamburg machten unsere Krippe in Italien und Deutschland bekannt.

Die Christkindlstadt Steyr ist Ausgangspunkt einer Kripperlroas geworden, die zu alten und neuen Krippen führt. In Christkindl hat die Pöttmesserkrippe ihre endgültige Heimstätte gefunden, in Garsten entstand eine mechanische Großkrippe aus den Resten eines alten „Krippenspiels" aus Reichenberg / Liberec in Böhmen. (Sie konnte bei dieser Auflage des Krippenbuchs noch nicht erfasst werden). Die Krippenschau in St. Michael in Steyr ist zum festen Angebot in der Advent- und Weihnachtszeit geworden.

Die Neuauflage des Krippenbuchs „Weihnachtskrippen aus Garsten, Steyr, Christkindl", das lange Zeit vergriffen war, kommt dem Wunsch vieler Krippenfreunde entgegen. Der Bildband möge weiterhin alle jene ansprechen, die an der Weihnachtskrippe Freude haben, die selber eine Krippe bauen und mehr über die Krippe im Krippenland an der Eisenstraße wissen wollen.

K. M.

Krippentradition

Das Benediktinerstift Garsten

Manche Garstner erinnern sich noch daran, daß in früheren Jahren zur Weihnachtszeit auf den Seitenaltären der Stiftskirche fünf Weihnachtskrippen aufgestellt waren. Darunter war auch die kleine Krippe aus Buchsbaumholz, die der Laienbruder des Benediktinerstifts Marian Rittinger im Jahre 1705 geschnitzt hatte. Erst viel später wurde man sich des großen Wertes dieses Kunstwerks aus der Barockzeit bewußt. Heute ist sie, hochversichert und elektronisch gesichert, nur mehr in Ausstellungen zu sehen.

Die Garstner zählen die Buchsbaumkrippe zu ihren Krippen, die ihnen vertraut sind, genauso wie die vielen Kastenkrippen, von denen sie zu wissen glauben, daß sie *„maualt"* sind. Manche von ihnen sollen von einem Nagelschmied gemacht worden sein, wissen sie zu berichten.

Garsten besitzt eine alte Krippentradition, die bis in die Zeit des Benediktinerstifts zurückreicht. Die erste Erwähnung einer Garstner Weihnachtskrippe findet sich in den Kammereirechnungen, als 1637 der Bildschnitzer zu Steyr-Garsten Hans Spindler für die Stiftskirche Kremsmünster *„ain ganz Newes Khrippel in die Khürchen"* schnitzte und 1640 als Ergänzung *„acht kleine Köpfe, acht paar Händlein und acht paar Füße zu dem Khripperl"* lieferte. Es waren die in der Barockzeit üblichen angezogenen Figuren, die man in die verschiedenen Stellungen bringen konnte. Spindler bekam für die Krippe 30 Gulden und für die Ergänzung vier Gulden.[1]

Hans Spindler war, bevor er 1618 nach Garsten kam, Schüler des Malers Johann Degler in Kremsmünster, wo schon 1614 eine erste Krippe in der Stiftskirche erwähnt wird. Wenn nun Spindler als inzwischen bekannter, vielbeschäftigter Bildschnitzer den Auftrag für eine neue große Kirchenkrippe erhielt, darf wohl angenommen werden, daß er auch für Garsten eine Krippe geschnitzt hatte.

Von Hans Spindler d.Ä. stammen auch das geschnitzte Jesuskind im Strahlenkranz, das heute noch in der Weihnachtszeit über dem Tabernakel des Hochaltars in der Garstner Stiftskirche aufgestellt wird, und ein Auferstandener als Tabernakelaufsatz zur Osterzeit.

1697 wurde, nach einer Eintragung in den Gaflenzer Kirchenrechnungen, *„von Herrn Staindorffer, Mahler und Dischler zu Garsten, ein Neues Khribel gemacht samt Fuhrlohn herein 4 fl 6 s 20 d"*. Johann Georg Staindorffer war Garstner Hofmaler („Faßmaler"), Gaflenz war eine Garstner Pfarrgründung.[2]

Um 1705 schuf Marian Rittinger die berühmte ungefaßte Krippe aus Buchsbaumholz. *Sie ist „eine der zartesten und zugleich formvollendetsten Weihnachtskrippen Österreichs und eine Spitzenleistung barocker Kleinplastik"* (Franz Lipp), ein Andachtsbild für einen einzelnen Beter, wahrscheinlich für den Abt des Stiftes Garsten. Mit dieser Krippe steht Marian Rittinger in einer Reihe mit anderen berühmten Barockkünstlern wie Joseph Thaddäus Stammel, Zürn oder Schwanthaler.[3]

Die Krippe ist von starker Ausdruckskraft. Innig, verhalten blicken Maria und Josef auf das Jesuskind: Ein Kind ist uns geboren! Der alte Hirt fällt ehrfürchtig auf die Knie, und der jüngere, dahinter, wendet den Blick, um dem dritten Hirten, der gerade in die Hütte tritt, staunend seine Freude mitzuteilen.

Noch eine Garstner Krippe ist bekannt geworden. Um 1725 entstand die ehemalige Garstner Stiftskrippe mit zehn großen angezogenen Figuren. Sie kann Johann Spindler d.J., einem Mitarbeiter Marian Rittingers, zugeschrieben werden. 1931 wurden die Figuren an das Linzer Schloßmuseum verkauft. Die nahezu zerstörten Holzfiguren und die Bekleidung wurden restauriert, Maria und Josef, der Stern der Weisen und ein niedergelegtes Lamm wurden ergänzt.[4]

Aus der Zeit des Benediktinerstifts Garsten stammt auch noch ein großes liegendes Wachsjesuskindl im Biedermeierschrein.

Man könnte nun annehmen, daß das reiche Krippenschaffen seit Beginn des 17. Jahrhunderts im Einklang mit dem Aufbruchwillen des Klosters Garsten zur Barockzeit steht, gewissermaßen als ein Zeichen des frohen barocken Lebensgefühls. In diese Zeit fällt die großzügig geplante Neugestaltung der Klosteranlage, die reiche Ausstattung der Stiftskirche, die freie Hand der Äbte Roman Rauscher und Anselm Angerer bei der Auftragsvergabe an die Künstler. Zu nennen sind hier auch die vielen Altarbilder, die Johann Carl von Reslfeld im Auftrag des Abtes für die Stiftspfarren malte, darunter die „Geburt Christi" für Maria Neustift und Christkindl um 1694 und 1711, und die „Anbetung der Heiligen Drei Könige" für die Stadtpfarrkiche Steyr 1688.[5]

Ein Blick in die Geschichte unseres Landes lehrt uns allerdings, daß die Menschen dieser Zeit inmitten harter Gefährdungen lebten. Sie spürten den Haß der religiösen Entzweiung in der Reformation, die Greuel der Bauernkriege, die Wirren der Reformation und die Unduldsamkeit der Gegenreformation. Dabei ist die Stadtgeschichte von Steyr mit dem Wirken des Benediktinerstifts in Garsten eng verknüpft: Steyr war eine völlig protestantische Stadt geworden, die Äbte des Benediktinerstifts Garsten waren entschiedene Vorkämpfer für die Rekatholisierung.

Ein Blick in die Stadtgeschichte von Steyr

Die Stadthistoriker von Steyr (Valentin Preuenhueber, Annales Styrenses bis 1618; Wolfgang Lindner, Chronik 1590 bis 1622; Jakob Zetl, Chronik 1612 bis 1635) berichten davon, daß die neue Lehre in der Stadt voll ihren Einzug hielt. 1626, im großen obderennsischen Bauernaufstand, sollen nur mehr 18 Bürgerfamilien katholisch gewesen sein[6], der neue protestantische Geist brach auch in das Kloster ein, dann aber setzten die Soldaten des Kaisers ihren Widerstand gegen die protestantischen Bauern und Ratsherrn durch. Die Kirche mußte ihre besten Männer aufbieten und wollte alles tun, um die Bürger zum rechten Glauben zurückzuführen. Die Aufführungen der geistlichen Spiele im Stiftstheater in Garsten und in der Stadt, die Predigten in der Stadtpfarre, vor allem aber die neuen Ordensniederlassungen in Steyr (1616 Kapuziner; 1629 Jesuitenkirche St. Michael, 1631 Grundsteinlegung für das Jesuitenkolleg, 1632 Jesuitengymnasium und Seminar; 1624 Rückgabe der Dominikanerkirche, die protestantische Schule blieb vorerst noch im Dominikanerkloster; 1646 Cölestinerinnen) dienten dem großen Anliegen der Rückgewinnung der Menschen zum rechten – katholischen – Glauben. Daß der große Prediger, Theologe und Diplomat Dr. Georg Falb, eine hochbegabte, schillernde Persönlichkeit, Benediktinermönch des Klosters Garsten war, unterstreicht die Verantwortung, die das Kloster Garsten in der Wiedergewinnung der Menschen zum Glauben sah. Dr. Falb war Professe des Garstner Stifts, studierte an der Universität in Graz Theologie, war seit 1607 Priester in Garsten, 1609 Prediger in der Stadtpfarre Steyr, wurde 1612 Abt von Göttweig, kam wieder nach Garsten und Steyr zurück und gehörte seit 1624 der Reformations-Kommission des Grafen Herberstorff an.
Nach 1650 war die Stadt Steyr wieder katholisch.

Wenige Jahrzehnte später läßt die Türkenbelagerung Wiens die umfassende barocke Neugestaltung der Klosteranlage und der Stiftskirche kurz ins Stocken geraten. Der Sieg über die Türken im Jahre 1683 mischt sich mit der Freude über die erfolgreiche Gegenreformation.

In diese bewegte Zeit fällt das frühe Krippenschaffen im Kloster Garsten. Wir können feststellen: Diese Zeit

Detail aus der Buchsbaumkrippe von Marian Rittinger: Der junge Hirt

Rechte Seite: Anbetung der Hirten, Krippe aus Buchsbaumholz von Marian Rittinger, um 1705. Ehemaliges Benediktinerstift Garsten. (Stiftsmuseum Garsten)

war nicht geeignet für die Sensibilität der Weihnachtskrippe, aber die Weihnachtskrippe war Ausdruck der Sehnsucht der Menschen nach Ruhe und Frieden.

Die Menschen waren bereit, das Geheimnis der Heiligen Nacht, die Geburt des Erlöserkindes im Stall zu Bethlehem, zu erfassen. Und es war geradezu genial gedacht, wenn gerade die Jesuiten die Weihnachtskrippe als „demonstratio catholica" in den Dienst ihrer religiösen Aufgabe stellten. Das heilige Geschehen sollte dem Volk in volkstümlicher Weise nähergebracht werden. 1603 wurde von den Jesuiten in der Minoritenkirche in Linz zum ersten Mal in Oberösterreich eine Weihnachtskrippe aufgestellt.

So hat auch das frühe Krippenschaffen in Garsten-Steyr durch das Wirken der Gesellschaft Jesu seine Förderung erfahren. So wie Tirol (Jesuiten in Innsbruck), das Salzkammergut (Jesuiten in Traunkirchen), Bayern (Jesuiten in München) und Böhmen (Jesuiten in Prag) konnte sich auch Garsten als religiöses Zentrum im Stadtbereich Steyr und später im Enns- und Steyrtal zum Krippenland entwickeln. Diese Tradition hat sich bis heute erhalten.

O Heiland, reiß die Himmel auf

O Heiland, reiß die Himmel auf,
herab, herab vom Himmel lauf.
Reiß ab vom Himmel Tor und Tür,
reiß ab, wo Schloß und Riegel für.

O Gott, ein' Tau vom Himmel gieß,
im Tau herab, o Heiland, fließ.
Ihr Wolken, brecht und regnet aus
den König über Jakobs Haus.

O Erd, schlag aus, schlag aus, o Erd,
daß Berg und Tal grün alles werd.
O Erd, herfür dies Blümlein bring,
o Heiland, aus der Erden spring.

Hier leiden wir die größte Not,
vor Augen steht der ewig Tod.
Ach komm, führ uns mit starker Hand
vom Elend zu dem Vaterland.

Friedrich Spee, 1622

Rechte Seite: Kostbar gekleidete Jesuskindl (Gnadenkindl) aus Wachs, 18. Jh. (Privatbesitz Garsten). Im Kleid eines dieser Christkindl war ein Zettel eingenäht: „Ich, Sr. Coelestine, bitte um ein Vaterunser für meine arme Seele."

Weihnachtsspiel und Weihnachtsdialog

Neben der Weihnachtskrippe in den Klöstern und Kirchen mit geschnitzten Figuren von hohem künstlerischem Wert gab es noch einen weiteren Weg, die Heilsgeschichte in volkstümlicher Form darzubieten. Schon im Mittelalter wurden in den Städten geistliche Spiele aufgeführt, die in der dialogischen Darstellung des Osterevangeliums ihren Ausgang nahmen und sich schließlich zu den umfasssenden Passionsspielen entwickelten, wie etwa in Oberammergau, Erl oder St. Margarethen im Burgenland. Bald wurde das gesamte Geschehen um die Geburt Christi im Spiel dargeboten: Es gab das Christgeburtspiel, das Hirtenspiel, das Dreikönigs- und Herodesspiel mit dem Bethlehemitischen Kindermord und, gleichsam als Vorspann, das Paradeisspiel. Eindrucksvolle Texte und Weisen und eine ursprünglich-einfache Darstellungsform sind noch in Oberufer, einem Flecken im slowakisch-österreichischen Grenzgebiet, erhalten geblieben (Oberuferer Spiele). Aus dem Jahr 1654 stammt das „Ischler Krippenspiel" mit den Szenen: Weissagung des Propheten, Verkündigung, Herbergsuche, Hirten auf dem Feld, Stall von Bethlehem, Palast des König Herodes, Huldigung der Könige.

Es ist bemerkenswert, daß sich im 17. Jahrhundert die Klöster um diese Spiele besonders angenommen haben. Es entstand das barocke „Jesuitentheater", das in einfacherer Form auch in unseren Benediktinerklöstern gepflegt wurde. Wir kennen solche Spiele aus Kremsmünster (Abt Alexander a Lacu, der 1600/1601 noch Abt in Garsten war, ließ *„dem staunenden Volk Krippenspiele vorführen"*: 1603 das *„Spill Nativitatis Christi"*, 1605 ein *Dreikönigsspiel*, 1608 ein *„Spiel der Unschuldigen Kinder"*[7]). Berühmt wurde das Schultheater in Lambach. Wir haben aber auch interessante Nachrichten über das Kloster Garsten: Der katholische Schulmeister und Chronist Wolfgang Lindner berichtet mit begeisterten Worten von Weihnachtsspielen und Weihnachtsdialogen.[8]

1609: *„Durch Vermittlung des Herrn Dr. Falb bezüglich der Schüler und Sänger der Garstner Schule wurde zu den Weihnachtsfeiertagen nachmittags in Steyr in der Pfarrkirche anstatt der Predigt der prächtige Dialog „Der neugeborene Knabe" dargeboten" und 1610 „ein wunderschöner Dialog unter großem Beifall der Zuschauer aufgeführt".*

1611 folgte das *„Spiel vom Leiden unseres Herrn": „Um größere Andacht zu erreichen, wurden der Vokalmusik Flötisten beigegeben. Viele Personen waren zu sehen, denen darob die Tränen kamen. Und so ließ der fromme Herr Doktor nichts unversucht, um das Volk zum Mitfühlen zu bringen."*

1613: *„Über Auftrag des Hochwst. Herrn Abtes führte am Weihnachtsfesttag in der Pfarrkirche von Steyr anstatt einer Predigt der Herr Prior (Dr. Falb) zum außerordentlichen Wohlgefallen gerade des Hochwürdigsten, der dem Spiel auch beiwohnte, mit zahlreichen Knaben als Engeln und einem Mägdlein Marulla einen wunderschönen Dialog auf."* 1617 folgte unter großem Beifall der Zuschauer der wunderschöne Dialog *„Der Knabe Jesus"*.

Daß der Abt von Garsten mit dem Priester-Diplomaten Dr. Falb in Steyr Weihnachtsspiele aufführen ließ, erhält im Lichte der konfessionellen Auseinandersetzungen im protestantischen Steyr ein besonderes Gewicht. Das Garstner Stiftstheater bildete den Gegenpol zum protestantischen Schultheater in Steyr, das der Katholik Wolfgang Lindner abfällig beurteilt: *„Zu den heurigen Faschingstagen* (1619) *boten die lutherischen Schullehrer im Rathaus recht alberne und ungeeignete Komödien und Dialoge."*

Die alten Weihnachtsspiele nannte man später „Vorstellungen von der Geburt Jesu Christi". Diese Tradition fand im 19. und 20. Jahrhundert ihre Fortsetzung in den beliebten Krippen- und Hirtenspielen der katholischen Laienspielgruppen.

Bild rechte Seite: Heiliges Grab, 2. Hälfte 19. Jh., 40 x 40 x 19 cm. (Privatbesitz Kronstorf)

Die Jahreskrippe

Weihnachts- und Passionsspiele begleiten die Entwicklung der Krippe. Sowohl in Kremsmünster als auch in Garsten wurde zur Osterzeit ein von künstlerischer Hand gestaltetes „Heiliges Grab" aufgebaut. Der barocke Kulissenaufbau von Johann Wenzel Bergl (1778) ist in Garsten heute noch erhalten. Aus dem theatralischen Aufbau des Heiligen Grabes entwickelte sich später die „Osterkrippe" („Fastenkrippe"), die häufig als Heiliges Grab und seltener als „Leiden Christi" mit den verschiedenen Szenen der Passion Christi gestaltet wurde.[9]

Auch die spätere Form der „Wechselkrippe" hat ihren Ursprung in der künstlerischen Gestaltung der einzelnen Stationen des Weihnachtsfestkreises über das eigentliche Weihnachtsgeschehen hinaus. Die Szenen Herbergsuche, Flucht nach Ägypten, Beschneidung und Aufopferung im Tempel, der zwölfjährige Jesus bei den Schriftgelehrten, das Haus von Nazareth und die Hochzeit zu Kana wurden ursprünglich als selbständige Figurengruppe gestaltet, konnten aber auch, in wechselnder Folge, in die Weihnachtskrippe eingebaut werden.

Besonders eindrucksvoll ist die Szene des Bethlehemitischen Kindermords. Mit der Darstellung der Ermordung der unschuldigen Kinder fanden aber, den damaligen Menschen durchaus begreiflich, unchristliche Motive Eingang in eine Krippe. Es mag schon stimmen, daß durch das Überwuchern allzu weltlicher Darstellungen der religiöse Kern der Krippe überdeckt wurde. Josef II. hat deshalb später mit einem Krippenverbot auf diese *„Entartung"* reagiert.

Die Kastenkrippe

1786/1787, im selben Jahr, als Kaiser Josef II. das Benediktinerstift Garsten auflöste, wurden in der Diözese Linz die *„theatralischen Vorstellungen"* in der Krippe verboten, nachdem schon 1770 ein Hofdekret die Krippel-, Heilige-Drei-Königs- und Lichtmeß-Spiele als *„unschicklichen Mißbrauch"* verworfen hatte.[10]

Die Weihnachtskrippe ließ sich aber nicht mehr aus dem Bewußtsein der Menschen verdrängen. So verlagerte sich das Krippenschaffen in die Bürgerhäuser und Bauernhöfe. Die Kirchenkrippen wanderten in Privathäuser, wurden dort aufgestellt und waren bald Vorbild für eigene Hauskrippen. An die Stelle der von Künstlern geschnitzten Figurengruppen traten nun einfachere geschnitzte Figuren oder die „Loahmmandel". Sie waren aus Ton, wurden in Modeln geformt und im Ofen oder in den Essen der Handwerker gebrannt und waren vor allem billig. Sie wurden in Heimarbeit hergestellt.

Die Herstellung dieser Loahmmandelfiguren ist in Steyr seit 1800 nachgewiesen. Viele der alten Steyrer Model sind heute noch im Besitz des Museums der Stadt Steyr, wenige in privater Hand.

Um 1800 entwickelte sich nun in Steyr die Form der Kastenkrippe mit den Loahmmandelfiguren. Die Tradition dieser für unseren Raum typischen Form der Krippe wurde in Garsten nach 1800 vor allem von den Nagelschmieden getragen („Nagelschmiedkrippen"). Sie setzte sich ins Enns- und Steyrtal hinein fort.[11]

Bethlehemitischer Kindermord.
Aus dem ehemaligen Besitz der Wochenaltmühle in Pichlern
Die künstlerisch bedeutsamen Figuren gehörten zu einer Wechselkrippe. (Privatbesitz)

Garstner Nagelschmiedkrippen

1787 wurde das Benediktinerstift Garsten aufgehoben. Die Besitzungen des Klosters wurden zur Dotierung des neuen Bistums Linz verwendet, die Realien wurden veräußert, Kirchengerät mußte abgeliefert werden, viele wertvolle Stücke gingen verloren. Die Stiftskirche wurde zur Pfarrkirche. Erhalten blieben die Buchsbaumkrippe von Marian Rittinger, das Wachskindl im Schrein, das Jesuskind, das heute noch als Tabernakelaufsatz zur Weihnachtszeit verwendet wird, und acht barocke Figuren der alten Stiftskrippe, die viel später, 1931, in desolatem Zustand an das Linzer Landesmuseum verkauft wurden. Unachtsamkeit und schlechte Lagerung hatten ihnen arg zugesetzt.

Ein Ort hatte seinen lebendigen Mittelpunkt verloren, und es dauerte lange, bis Garsten als Vorort von Steyr – über das Gemeindedekret von 1849 hinaus – zu einer neuen, selbstbewußten Eigenständigkeit fand. Auch viele Traditionen schienen verloren zu sein.

Es war ein mühsamer, aber ungemein spannender Versuch, der alten Garstner Krippentradition nachzuspüren. Wir konnten an die 200 alte Krippen in Garsten ausfindig machen und untersuchen und dabei Licht ins Dunkel der Überlieferung bringen. Es ist uns auch gelungen, die Namen einiger Krippenbauer wiederzuentdecken. Die Krippenforschung wurde für meine Frau und für mich zur persönlichen Aufgabe. So wurde auch dieser Abschnitt des Buches sehr persönlich gestaltet.

Es begann damit, daß die Krippe der Großeltern in unserer Familie wie ein geheimnisvoller Schatz gehütet wurde. Zur Weihnachtszeit, wenn sie im Herrgottswinkel aufgestellt wurde, ließ das gedämpfte, flackernde Kerzenlicht vor der Krippe die verspiegelten Fenster der Stadt, das Schloß, das Jagdhaus und den Stall von Bethlehem aufleuchten, zu dem die Hirten mit ihren Gaben von steilen Wegen herabkamen. Ein Satz wurde uns überliefert: *„Der Einsiedler in der Klausen tat bitten um a Jausen."* Er bezieht sich auf eine typische Szene in der Krippe. Und auf der Rückseite der Krippe war ein Zettel aufgeklebt: *„Dieses Kripperl ist cirka 100 Jahre alt. Franz Mayrhofer, G.B.* (Gemeindebeamter). *Garsten am 12. Dez. 1926."* Noch etwas erzählte der Großvater: Dieses Kripperl hat ein Nagelschmied gemacht.

Der Hinweis auf das hohe Alter der Krippe konnte bald geklärt werden. Wir fanden eine Notiz in der Pfarrchronik, daß Pfarrer Hager die Besitzer „schöner, besonders auch alter Weihnachtskrippen" eingeladen hatte, ihre Stücke für eine Weihnachtsausstellung zur Verfügung zu stellen. Der 12. Dezember war der letzte Abgabetermin. F. M. brachte seine Krippe in die Ausstellung. Wer die Krippe gebaut hat, konnten wir bisher nicht erforschen.

Andere wertvolle Krippen, die bei der Ausstellung des Jahres 1926 gezeigt wurden, sind inzwischen verschollen. Häufig erfuhren wir aber von Krippenbesitzern in Garsten, daß ihre Krippe schon der *„Großvater vom (Groß)vater"* besessen habe. Nähere Details waren nicht bekannt. Diese Urgroßvatergeneration reicht oft bis in die 60er Jahre des letzten Jahrhunderts zurück.

Eine große Kastenkrippe war den älteren Garstnern bekannt. Sie stand bis 1930 neben anderen Krippen zur Weihnachtszeit in der Kirche und ist heute ein Glanzstück bei Ausstellungen.

Die ehemalige g r o ß e K i r c h e n k r i p p e ist einmalig in den Abmessungen, in der Gestaltung und in der Ausstattung. Sie ist eine Kastenkrippe mit dem typischen Aufbau seitlicher Felsbänke, einer weit ausgedehnten Stadt und steilen von der Höhe hinabführenden Wegen mit ihren Geländern. In der Mitte ist Platz für den Stall von Bethlehem mit dem Jesuskind, Maria und Josef, Ochs und Esel und für die Hirten mit ihren

Schafen. Die Großzügigkeit der Anlage erinnert an eine Landschaftskrippe: Der vordere Teil von 100 cm Breite und 70 cm Höhe ist nach hinten abgesetzt und verjüngt sich in einen zweiten Kasten bis zu einer Gesamttiefe von 70 cm. Es dominiert der große dunkle Ruinenstall mit vorgezogenem Strohdach über Pilastern, davor zwei gebrochene Säulchen, auf einer steht ein winziger Vogelkäfig aus feinstem Draht. Seitlich treten turmartige Ansätze vor mit Gattertüren und kleinen Fenstern. Durch ein Transparent im Innern des Krippenstalls fällt mildes Licht, das von einem Öllämpchen auf einem Schubers im Innern des Krippenbaus kommt, auf das Jesuskind.

Auf der Anhöhe erstreckt sich in der ganzen Breite das „himmlische Jerusalem", reich gestaltet mit vielen Türmchen, Rundbauten, Kuppeln, kleinen Erkern, kugelgekrönten Spitzen, davor die Häuserfronten kulissenartig verschichtet, geschützt durch eine Stadtmauer mit offenen Toren.

Zwischen Stall und Hochstadt liegen die Weide für die Tiere und die ländlichen Häuser. Rechts, auf zwei Etagen, stehen eine vieltürmige Kirche und ein kleines Schloß, darunter wieder eine Stadt, aber kleiner, bürgerlicher, reich gegliedert. Auf der linken Seite dominieren auf Felsabsätzen Schloßbauten, darunter liegen grüne Weidematten für die Schafe mit einem kleinen Brunnen samt Brunnentrog.

Zwischen der Felslandschaft und dem Felsriegel, der das freie Feld des Stalls abschirmt, fließt ein Bach aus einem Wasserfall an der Seite der Stadt in die Tiefe. Rechts vorne in einer Höhle hat der Einsiedler seine Kapelle mit Betschemel und Kreuz. Dazu kommen die Bäume, Tannen, Obstbäume und die charakteristischen Palmen, alle flächig geschnitten. Zäune schließen die einzelnen Teile der Landschaft ab, darunter etliche geflochtene Weidezäune.

Die Krippe hat reichlich Platz für die vielen geschnitzten Figuren, die anbetenden und gehenden Hirten, Bläser, Lampltrager, Kraxentrager, Apfelbrocker, Schauer und wie sie alle heißen. Das freie Feld vor der Stadt ist austauschbar: Nach der Weihnachtszeit folgen auf die Hirten und die Schafe zu Dreikönig die Magier mit ihren Elefanten und Pferden.

Einmalig ist in dieser großen Kastenkrippe der bemalte Hintergrund, der in auffallenden Grüntönen eine Landschaft mit Häusern, Schlössern, Wegen und Bergkulisse hereinzaubert. Darüber schwebt unter dunkelblauem Himmel ein reich verziertes geschnitztes goldenes Wolkenband mit kleinen musizierenden Engerln und dem Gloriaengel: Gloria in excelsis Deo.

Über die Herkunft dieser bemerkenswerten großen Krippe gibt eine Notiz in der Steyrer Zeitung vom 1. 1. 1913 Auskunft: *„Eine neue große Krippe wurde in unserer Pfarrkirche statt der früheren, kleineren, doch recht wertvollen aufgestellt. Frl. Therese Garb von Lahrndorf hat sie der Kirche zum Geschenk gemacht. Ihr seliger Vater hat sie in jungen Jahren selbst verfertigt und auch jede einzelne Figur geschnitzt."*

Die Krippe stand ursprünglich im Garbhaus, einer Nagelschmiede in der Garstner Ortschaft Lahrndorf, die beim Bau des Ennskraftwerkes abgerissen wurde. Die Erklärung für die eigenwillige Form: Die Krippe wurde auf einem Vorbau in die Fensternische hineingestellt.
Josef Garb (1820 – 1909) war Zweck- und Nagelschmied. Er hat seine Familienkrippe um 1850 gebaut.

Interessant ist die zweite, kleinere Kastenkrippe im Besitz der Pfarre Garsten, die kleine Kirchenkrippe (55/40/30 cm). Sie wirkt leichter, zierlicher, kleinräumiger in der Gestaltung der Landschaft, aber voller Liebe zum Detail. Da gibt es den Pferch für die Schafe, den Wasserfall, zwei Brücken über den Bach und den Einsiedler vor seiner Kapelle. Die zierliche, kulissenhaft aufgebaute Stadt mit ihren Erkern, Balkonen, den Glaskugerln auf den Giebeln geht über in den geschickt bemalten Hintergrund.

Ein ländliches Haus rückt in das Blickfeld mit Stein-

Heilige Drei Könige mit Gefolge.
Wechselgruppe aus der ehemaligen großen Kirchenkrippe. (Stiftsmuseum Garsten)

Ehemalige große Kirchenkrippe.
Nagelschmiedkrippe von Josef Garb, um 1850. (Stiftsmuseum Garsten)

mauerwerk, Holzaufbau und Strohdach, davor der Apfelbaum mit dem Apfelbrocker neben seiner Leiter. Der Rauchfang trägt – verwaschen – die Jahreszahl 1882.

Der Stall von Bethlehem ist diesmal ein bäuerliches Gewölbe. Auf dem Holzvorbau ist ein kleiner Vogelkäfig angebracht.

Die Figuren der Krippe sind durchwegs die bekannten Loahmmandel, das Jesuskind und der Gloriaengel sind aus Wachs.

Ähnliche Züge zeigt eine andere Garstner Kastenkrippe in Privatbesitz (50/40/28 cm). Sie ist noch reicher ausgestattet mit der Stadt Bethlehem, dem Schloß, der Ruine, den strohgedeckten Häusern, Gattern, Brunnen und Holzstoß und einem Prospekt mit aufgeklebten Papierbildern, die eine Gebirgslandschaft mit einem Gebirgssee hereinzaubern. Da sind wieder die gebrochenen Säulen vor dem Ruinenstall, der Vogelkäfig und – vor einem Häuschen über der Höhle des Einsiedlers – noch einmal ein kleiner Vogelkäfig mit einer winzigen Vogelfängerkiste, dem „Schlagl" oder „Schlaghäusl". Über allem schwebt eine geschnitzte goldene Wolke mit kleinen Engeln und dem Bethlehemstern. Der Stall mit dem Jesuskind ist wieder beleuchtet von einem Öllicht auf einem Schuber hinter dem Transparent. Als Aufputz finden sich zahlreiche kleine Muscheln und Schnecken, und vom Strohdach des Stalls hängen „Wassertropfen" aus gedrehtem, farblosem Leim.

Noch einmal taucht eine kleine Kastenkrippe mit den gleichen bekannten Elementen und dem Schuber für das Öllicht auf. Die Krippe steht in einer alten Steyrer Bürgerfamilie.

Es besteht kein Zweifel: Die Krippen tragen die gleiche Handschrift, wenngleich sie in verschiedener Zeit entstanden sind. Sie stammen von Josef Garb, dem Zweck- und Nagelschmied aus der Garstner Ortschaft Lahrndorf.

Ländliches Haus mit Apfelbrocker. Garstner Nagelschmiedkrippe, 1882

Wir haben noch eine zweite „Handschrift" eines Garstner Krippenbauers entdeckt und dazu auch noch seinen Namen:
Dieses Krieperl hat gemacht Alois Hebrank im Jahre 1874 steht auf einem kleinen Zettel, der im Innern der Krippe verborgen war. Alois Hebrank wohnte in Lahrndorf in unmittelbarer Nachbarschaft zur Nagelschmiede des Josef Garb. Auch einige andere Besitzer schöner alter Krippen wissen auch noch, daß *„der Hebrank"* sie gebaut hat. Seine Krippen sind denen des Garb ähnlich, zeigen aber ganz charakteristische Züge in der Gestaltung der Stadt und des Stalls. Sein Einsiedler hat seine Höhle auf der linken Seite.

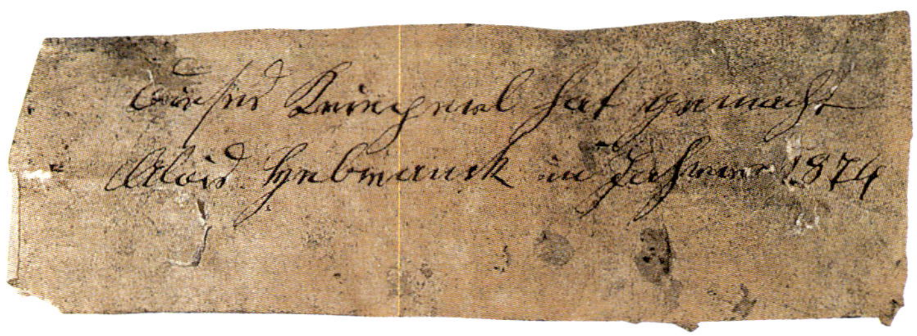

Kastenkrippe von Josef Garb, um 1870.
Garstner Nagelschmiedkrippe. (Privatbesitz)

Die Kastenkrippe aus dem Jahre 1874 gehört zu den großen Krippen (60 x 51 x 43 cm). Auch sie hat den Schuber für das Öllicht, das Transparent im Hintergrund des Stalls mit IHS und der Umschrift *Und das Wort ist Fleisch geworden,* ein goldenes Wolkenband mit musizierenden Engerln und – was diese Krippe besonders auszeichnet – einfach geschnitzte Figuren mit großer Ausdruckskraft: Kraxentrager, Gabenbringer, Schafe, die Gruppe der blasenden und tratschenden Hirten.

Eine andere Kastenkrippe ist einfacher gestaltet, enthält aber zwei bemerkenswerte Figuren: Der „Wundersmann" hält voll Staunen die Hand in Augenhöhe vors Gesicht, bereit, auf die Knie niederzufallen, und der „Juchheissa" wirft seine Hände in die Höhe und beginnt zu jauchzen. Auffallend ist die Höhe und die Tiefe der Krippe (50 x 60 x 53 cm). Sie deutet auf den Standort in einer Fenster- oder Wandnische im Bauernhaus hin.

Ein Juwel unter den Hebrankkrippen ist eine Kastenkrippe mit den Maßen 67 x 58 x 45 cm. Die Stadt Jerusalem, die Schlösser und Häuser sowie der Hintergrund sind sorgfältig gestaltet. Unter den vielen Loahmmandelfiguren finden sich neben den Hirten und Gabenbringern die Heiligen Drei Könige, aber auch die Flucht nach Ägypten: Ein Engel führt Josef, der das Werkzeug trägt, und Maria, die mit Jesus auf dem Esel sitzt.

Überraschend war eine Entdeckung: Ein kleiner Ziehbrunnen trägt auf einem winzigen Holzplättchen, kaum lesbar und bisher unbekannt, eine Jahreszahl: 1877 ist das Entstehungsjahr dieser Krippe.

Noch eine Hebrankkrippe konnten wir datieren. Die zierlich gestaltete Kastenkrippe (49 x 41 x 35 cm) wurde 1895 gekauft, als die „Großmutter" mit dem Hausbau fertig war und in das Bauernhaus einzog. Bekannt ist auch noch der Preis: Die Krippe kostete so viel wie ein *„Duttenkalb"*, das ist ein noch säugendes Kalb.

Auch eine alte Hebrank-Familienkrippe ist erhalten. Die Krippe (48 x 32 x 24) ist reichlich ausgestattet mit Loahmmandelfiguren, darunter der Hirt mit den Weintrauben, Schalmeienbläser, der Schauer am Stock, der Apfelbrocker, der Invalid und das Raurakel. Die Krippe könnte das Erstlingswerk des Alois Hebrank sein.

Licht ins Dunkel der Überlieferung brachte schließlich noch eine alte Familienchronik, in der Andreas Hebrank, Pfarrer i. R. in Perg, 1965 u.a. über seinen Großonkel Alois Hebrank schrieb, zu dem er als Bub eine besondere Verbindung hatte. Dieser Vetter – es ist unser Krippenbauer – lebte 1827 bis 1907 in einem der Nagelschmiedhäuser in Lahrndorf, er hieß in der Familie einfach *„der Loisvetter"* oder, weil er gehörlos war, *„der derrische Lois"*. Da er Schlossermeister und nebenberuflich Nagelschmied war, hieß er bei den Leuten auch *„der Schlosserlois"*. Pfarrer Hebrank schreibt über ihn:

„Neben der Schlosserei befaßte er sich auch mit der Krippelschnitzerei, was uns Buben besonders anzog. Es waren zumeist Kleinkrippen, die er mit selbstgeschnitzten oder auch gekauften lehmgebrannten Figuren ausstattete, die schon bemalt waren. In einem Buckelkorb brachte er sie nach Steyr und bot sie dort am Stadtplatz zum Verkaufe an. Wegen ihrer Originalität und wohl auch Billigkeit wurden sie gern gekauft, zumal sie auch in jeder Stube leicht Platz fanden. In seiner Stube hatte er auch eine selbstverfertigte große Krippe aufgestellt, die zum Schutz vor Staub mit einem großen Glasfenster verschließbar war. Über Sommer wurde sie in einer Holzkiste aufbewahrt. Bei der Aufstellung zum Weihnachtsfest war ich selbstverständlich immer dabei. Sie war reich an Figuren aus Holz. Unter diesen hatte es den Besuchern, die von der Umgebung gern zum Schauen kamen, besonders der „Wundersmann" angetan. Seine ganze Haltung – die rechte Hand hielt er in Augenhöhe vors Gesicht – drückte höchstes Erstaunen aus, und in Erkenntnis, wen er in der Krippe gefunden hatte, versank er in Anbetungsstellung. Die Figuren waren höchst originell und dem heimatlichen Gedankenkreis entnommen. Ein Hirte z.B. trug auf seinem Rücken eine zart geschnitzte Hühnersteige,

Tratschende Hirten.
Detail aus einer Garstner Nagelschmiedkrippe von Alois Hebrank, 1874. (Privatbesitz)

aus der kleine Hühner und Hähnchen herausguckten, gedacht als Krippenopfer. Ein anderer trug nach Art der „Kraner" und Umgeher eine Kraxe mit allerhand Waren. Selbstverständlich gab es auch Wälder mit Wild aller Arten und Jäger, Berge und Felsen mit Wasserfall und Bächen mit Mühlen. Auch der Almabtrieb mit Kühen fehlte nicht. Die Phantasie hatte ja hier ein reiches Betätigungsfeld. Der Stall selbst war mit einem Öllämpchen beleuchtbar, das seinen Schein durch ein Transparent auf die hlg. Gestalten warf. Oft sangen wir vor dieser Krippe die uns bekannten Krippenlieder. Besonders das Lied „Geht's Buama stehts geschwind auf zan Hüaten", das wir auch zuhause gerne sangen, ist mir in Text und Melodie haften geblieben."

Alois Hebrank und Josef Garb waren Nachbarn. Sie hatten die gleiche Leidenschaft des Kripperlbauens, und es ist anzunehmen, daß sich die beiden – bei aller Eigenständigkeit – auch gegenseitig beeinflußt haben. Sie sind die Schöpfer bemerkenswerter Garstner Nagelschmiedkrippen.

Die Geschichte der Garstner Nagelschmiedkrippen geht aber noch weiter. Noch einmal taucht der Name eines Krippenbauers auf. Auf einer in Privatbesitz erhaltenen Krippe ist auf einem aufgeklebten Zettel vermerkt, daß sie von einem *„Schneidermeister Putz aus Lahrndorf im Jahre 1878"* gemacht wurde. In den Garstner Pfarrmatriken ließ sich nachweisen, daß dieser Heinrich Putz zur Zeit seiner Heirat 1867 noch Nagelschmiedgesell war. Er stammte aus einer Nagelschmiedfamilie in Unterdambach. Sein Vater war, als er 1830 heiratete, Nagelschmiedgesell in Aichet Nr. 48 in Steyr. Ein Franz Xaver Putz war 1850 Trauzeuge des Josef Garb. Auch er war Nagelschmied.

Heinrich Putz wohnte, wie sein Vater, in Lahrndorf, ganz in der Nähe des Garb und des Hebrank. Er mußte seinen Beruf wechseln, als durch die maschinelle Erzeugung der Nägel (Franz Werndl baute 1863 den Drahtzug in Unterhimmel und errichtete die Draht- und Nägelfabrik im Steyrer Wehrgraben) das Handwerk seinen goldenen Boden verlor. Ein interessantes Detail am Rande: Unter den neuen Fabriksherrn taucht auch der Name Putz auf: Ein Leopold Putz war Inhaber der Maschinnägelfabrik am Saggraben, einem Nebenarm des Wehrgrabens. Am 9. Juni 1870 besuchte Kronprinz Rudolf u.a. die Putz'sche Nägelfabrik in Aichet (Steyrer Geschäftskalender 1917).

Damit erweitert sich das Umfeld der Nagelschmiedkrippen. Die Spuren führen weiter nach Dambach, einer Garstner Ortschaft, in der es einst über 50 Nagelschmiede gab, und nach Steyr in das alte Zentrum der Nagel- und Messerschmiede in Aichet und Steyrdorf.

In Dambach und Oberdambach sind heute noch – vor allem in Bauernhöfen – viele alte Krippen erhalten. Interessant ist die Familienkrippe des letzten Nagelschmiedmeisters von Dambach Wilhelm Brettenthaler, der mit seinen 87 Jahren noch immer beim Garstner Adventmarkt seine Schernken, Jagernägel und Mausköpfel schlägt. Die „Krippe seines Vaters" hat ein Nagelschmiedgesell gemacht.

Die ursprüngliche alte Krippe der Auerkapelle in Dambach, eine über einen Meter große Kastenkrippe des Nagelschmieds Binderberger, ist leider zerstört, die Reste zeigen wieder eine große Ähnlichkeit mit den Krippen des Josef Garb und des Alois Hebrank. Das gilt auch für einige weitere kleinere Krippen in Garsten. Die erhaltenen Häuser, Bäume und die geschnitzten Figuren wurden vom Bildschnitzer Erich Heuberger zu einer neuen Krippe zusammengefaßt.

Einige Krippen in Bauernhöfen in Oberdambach stammen von einem Krippenbauer aus Laussa/Losenstein. Sein Name ist bisher nicht nachweisbar, doch eine Spur führt in die Nagelschmiede Danlgraben in Stiedelsbach (Nagelschmied Großauer?). Charakteristisch für diese Krippen sind u.a. der sieben- oder achteckige Stern und der festgefügte Rahmen. Eines dieser Kripperl, das kleinste unter ihnen (35 x 25 x 12 cm), ist ein „Weisert" (Geschenk anläßlich der Taufe eines Kindes) aus dem Jahr 1903. Es enthält eine „faule Krippe": Maria, Josef, das Jesuskind und Ochs und Esel sind in einer Loahmmandelfigur zusammengefaßt.

Loahmmandelfiguren aus den alten Steyrer Modeln

Es gibt noch viele alte Kastenkrippen im Gemeindegebiet von Garsten (Pesendorf, Tinsting, Schwaming, Christkindl), die Ende des 19. Jahrhunderts oder um die Jahrhundertwende entstanden sind, und wir könnten den Weg auch noch weiter fortsetzen: Eine Krippe aus Neuzeug ist signiert mit *„Erzeuger Karl Pilß 1903"* (der Besitzer entstammt einer alten Messererfamilie), eine andere Krippe ist wegen der gefälligen Form des Glaskästchens bemerkenswert.

Die Krippen sind wohl von verschiedenen Krippenbauern gestaltet, sehr oft mit den Loahmmandeln, aber auch mit serienmäßig hergestellten geschnitzten Figuren aus Grulich im böhmischen Adlergebirge, die bis in die Zwischenkriegszeit auch bei uns allenthalben angeboten wurden.

Interessant sind auch noch zwei Kastenkrippen, die ein Roman Haslinger gebaut hat. Sie sind mit 1920 und 1925 datiert und stehen in der direkten Nachfolge der alten Garstner Nagelschmiedkrippen mit dem charakteristischen Wolkenband. Roman Haslinger stammte aus der alten Nagelschmiedfamilie der Haslinger in Lahrndorf.

Bemerkenswert sind auch einige offene Krippen. Eine alte Krippe aus der zweiten Hälfte des 19. Jahrhunderts zeigt den Typ der Viechtauer Eckkrippe, allerdings mit Loahmmandeln aus den alten Steyrer Modeln und weiteren recht ausdrucksstarken geschnitzten Figuren. Einige Krippen stammen vom Ternberger Johann Langerweger (1879 – 1970), der über 200 Kripperl mit sehr ansprechenden selbstgeschnitzten Holzfiguren liebevoll gestaltet hat. Einige offene bewegliche Eckkrippen stammen von Franz Koppelhuber aus Laussabach (1885 – 1959). Er hat viele, viele Krippen gebaut, aber alle – auch seine letzte – gegen Realien oder Naturalien eingetauscht. Seine Familie bedauert, daß sie keine Krippe des Vaters besitzt. Die Besonderheit seiner beweglichen Krippen: Die „laufenden" Mandel ziehen am Stall mit der Heiligen Familie vorbei und erweisen dem Jesuskind durch eine seitliche Drehung ihre Reverenz. Auch Max Seidlhuber (1908 – 1981, er wohnte in Mühlbach/Garsten und später in Losenstein) hat über 100 Krippen gebaut und dazu Figuren in einfacher Form geschnitzt.

Die älteste Garstner Kastenkrippe steht heute in Oberdambach, stammt aber aus der ehemaligen Jesuitenkirche St. Michael in Steyr. Sie kam um die Jahrhundertwende in den Besitz des damaligen Mesners (geboren 1869) und ist seitdem in Familienbesitz.

Sie ist eine Vorläuferin der Kastenkrippe. Der originelle Krippenkasten liegt hinter einem repräsentativen geschwungenen Barockrahmen in Rot und Gold und ist nach oben hin gewölbt. Durch ein rotes Glas im Sternenhimmel fällt farbiges Licht auf die Krippenlandschaft mit dem Hirtenfeld vor dem liebevoll gemalten Hintergrund. Ein mehrstufiger goldener Bethlehemstern hängt über dem torartigen Bau des Krippenstalls. Von außen fällt durch die Rückwand Licht auf ein Transparent mit dem Zeichen IHS. Davor liegt das Jesuskind, mit Maria und Josef, da knien die

Zunftzeichen der Nagelschmiede, aus der Steyrer Zunfttafel 1593. (Museum Steyr)

Hirten und die Könige. Gabenbringer kommen von der Anhöhe herab. Die Giebel der Häuser und Türme tragen metallisch glänzende Glaskugerl.

Die Anlage der Krippe zeigt die bekannten Elemente der Kastenkrippen, und doch erscheint vieles einfacher, ursprünglicher. Der Felsaufbau ist mit hellem Flimmer und feinen Glasplättchen überzogen und besteht aus echtem, leichtem Tuffgestein (aus Lipari?). Bemerkenswert sind auch die Figuren. Die ältesten vier, es sind 8 cm große Hirten, haben durchaus künstlerischen Wert. Sehr alt sind auch die Heiligen Drei Könige mit ihrem Gefolge. Zu den liebevoll geschnitzten ausdrucksstarken Figuren wie Lampeltrager, Gabenbringer, Kraxentrager, dem schlafenden Hirten kommen noch ein paar kleinere Figuren (etwa ein Wirt mit Schurz) und ein paar alte Loahmmandel (zwei Stadtwächter in der Gestalt römischer Soldaten und ein Kraxentrager).

Die Garstner Nagelschmied-Krippenbauer Garb und Hebrank müssen diese frühe Krippe gekannt haben.

Wenn wir davon ausgehen, daß die Krippe ursprünglich in der Jesuitenkirche St. Michael gestanden ist, kann auch das IHS auf dem Transparent des Stalls in Zusammenhang mit dem jesuitischen Zeichen gesehen werden, das in der barocken Michaelerkirche sehr oft wiederkehrt, etwa über dem Hochaltar, auf dem Weihwasserbecken von 1765 oder als Steinmedaillon über dem Kircheneingang. Damit ist die Verbindung zum Wirken der Jesuiten in Steyr hergestellt, bei dem die Weihnachtskrippe ihren besonderen Stellenwert hatte, aber auch mit der Entwicklung nach dem Krippenverbot durch Josef II. (1773 wurde auch der Jesuitenorden aufgehoben).

Die Krippe im rot-goldenen geschwungenen Rahmen ist ein kulturgeschichtlich bedeutsames Beispiel für den Übergang der von Künstlern gestalteten Krippen in Klöstern und Kirchen zur bürgerlichen Form der privaten Hauskrippen. Diese neue Tradition wurde in Steyr vorwiegend von den Nagelschmieden und Messerern in Aichet und Steyrdorf getragen. Von hier aus führt der Weg zu den Nagelschmieden in Garsten.

Steinmedaillon über dem Portal der ehemaligen Jesuitenkirche St. Michael in Steyr (seit 1785 Vorstadtpfarrkirche)

Offene Krippe aus Garsten, zweite Hälfte des 19. Jh.(Privatbesitz)

Kastenkrippe, 1903, Nagelschmiedkrippe. (Privatbesitz Garsten)

Frühe Form der Kastenkrippe mit barockem Rahmen,
um 1800 entstanden. Ursprünglich Jesuitenkirche St. Michael in Steyr,
seit 1900 Privatbesitz (Oberdambach/Garsten)

Alte Steyrer Krippen

Das Museum der Stadt Steyr besitzt eine Reihe bemerkenswerter weihnachtlicher Darstellungen. Über 250 Figuren umfaßt die Graf Lamberg'sche Krippenfigurensammlung, deren Entstehung in die Zeit des Barocks bis in das Biedermeier zurückreicht. Es sind stoffgewandete, „angezogene" Figuren mit geschnitzten Köpfen, Händen und Füßen, ein farbenprächtiger Reigen von Höflingen und Bauern, ungarischen Panduren und Magnaten, Soldaten, Negern, aber auch Hohenpriestern und Vertretern des Klerus. Darunter befinden sich auch weihnachtliche Figuren: Hirten in ländlicher Tracht, Maria und Josef in schlichter Kleidung, das Jesuskind – wie so oft in großen und kleinen Krippen – als Wachskindl und die Könige, die in ihrer Ausstattung geradezu märchenhaft wirken. Dazu kommen „uralte" Engel mit Wachsköpfen, glitzernden Flügeln und fremdartiger Kopfbedeckung. (Wer hat schon einen Engel mit menschlichen Zügen gesehen?)

Die weihnachtlichen Figuren der Sammlung, die nie als Weihnachtskrippe gedacht war, sind einzugliedern in die rauschende Welt barocker Prachtentfaltung des theresianischen Imperiums, lassen aber auch die schlichte Lebensbejahung einfacher Menschen spüren.

Barocke Züge zeigen auch zwei Fleckerlbilder im Besitz des Steyrer Museums. Gesicht, Hände, Füße sind aus Papier geschnitten und koloriert, Bekleidung, Architekturteile und die Wolken mit Stofffleckerln, Brokat und Tüll appliziert und räumlich gestaltet. Die Flügel des Verkündigungsengels sind mit weißen Vogelfedern beklebt.

Reizvoll wie die Gestaltung der Kästchenbilder ist auch die ursprüngliche Beschreibung:

„Josef erfährt vom Engel, daß Maria schwanger sei"
und
„Maria mit dem Kind, Engel richten die Wiege".

Die Fleckerlbilder sind als eine frühe Form der Klosterarbeiten anzusehen, die besonders in Frauenklöstern des bayrisch-österreichischen Raums seit 1700 bis in die Biedermeierzeit angefertigt wurden. Man könnte sie auch als Form der „Eingerichte" bezeichnen. Sie sind verwandt mit den damals üblichen Andachtsbildern, den Reliquienbildern oder dem beliebten Salzburger Loretokindl. Ein Zusammenhang mit den Coelestinerinnen in Steyr ist anzunehmen.

Bemerkenswert ist auch ein Hausaltärchen, das im Museumskatalog unter dem Titel „Trauungsszene vor einem Gnadenbild" als „Kastenkrippe aus der zweiten Hälfte des 18. Jahrhunderts" ausgewiesen wird. Vor einem mit Goldfiligrandraht und Bouillons reichlich verzierten barocken Altar mit ausgesetzter Monstranz und Altarbildern der hl. Anna und der Gottesmutter Maria reichen einander zwei Personen die Hände und werden – in Anwesenheit bürgerlicher Personen, eines Mesners und eines Ministranten – von einem Ordenspriester getraut. Die Gruppe der bekleideten Figuren in zeitgenössischer bürgerlicher Festtagskleidung vor dem 75 cm hohen Altar steht stark in der bürgerlich-barocken Tradition. Die geschwungene Oberkante des Rahmens (82 x 80 x 38 cm) deutet schon die Form der Kastenkrippe des 19. Jahrhunderts an.

Hier zeigt sich deutlich der Übergang edler repräsentativer Formen zu einer einfacheren volkstümlichen Darstellung. Der Schwerpunkt verlagert sich von der Stadt mit ihren Kirchen, Klöstern, dem Schloß Lamberg und den stolzen Bürgerhäusern in die Vorstadt von Steyrdorf und Aichet, wo sich die Handwerker, vor allem die Messerer, Nagel- und Zweckschmiede, niedergelassen haben. Steyrdorf war eine gemischte Ansiedlung von Handelsherrn und Handwerkern.[12]

Auch zwei Weihnachtskrippen machen diesen Übergang deutlich.

Die offene Kastenkrippe im geschwungenen barocken Rahmen, die ursprünglich in der Vorstadtpfarrkirche St. Michael stand und sehr früh in den privaten Besitz einer Garstner Familie in Oberdambach kam, ist beachtenswert in ihrer Gestaltung und in der Vielfalt origineller Ideen. Neben dem Transparent des IHS auf der Rückwand des Krippenstalls und dem farbigen Licht, das von oben auf das Hirtenfeuer fällt, strahlt auch der Sternenhimmel auf. Die Wölbung des Himmels ist mit feinen Löchern durchbrochen, und so wird der Himmel zum funkelnden Firmament über der in mildes Licht getauchten Krippenlandschaft. Hier wird der Ideenreichtum des handwerklich geschickten Krippenbauers deutlich. Die edle Form des Rahmens steigert die Empfindung schlichter Frömmigkeit.

Originell ist auch eine drehbare Kastenkrippe, die um 1800 entstanden ist und sich heute im Besitz des Steyrer Museums befindet.

Eingebaut in einen schwarzen Kasten und auf einer drehbaren Walze gelagert, können vier verschiedene Szenen gezeigt werden. Die Krippe wird zur Jahreskrippe, und sie ist zugleich ein kleines „technisches Werkl“. Vor den Resten eines „barocken steinernen Speisgitters“ sehen wir

– die Geburt Christi in einem Ruinenstall in grober Felslandschaft mit Schafherde, gabenbringenden Hirten und einer Stadt aus Ton (die Figuren sind alte Steyrer Loahmmandel, darunter die Heilige Familie als geschlossene Figur der „faulen Krippe“),

– die Geißelung Christi, den Kreuzweg und Golgotha über dem Tribunal des Pilatus,

– das Letzte Abendmahl und, darüber, Jesus am Ölberg: „Vater, ist es möglich, nimm diesen Kelch von mir“

– und schließlich die Grablegung: Von Engeln bewacht, liegt Jesus im Heiligen Grab, über ihm das leere Kreuz von Golgotha.

In diesen Szenen verbindet sich die Innigkeit der Darstellung des biblischen Geschehens mit der schöpferischen Kunstfertigkeit des Krippenbauers. Als Krippenfiguren dienen die einfachen Loahmmandel aus den alten Steyrer Modeln.

Künstlerische Qualität geschnitzter und gefaßter Figuren zeigt eine private Krippe einer alten Steyrer Bürgerfamilie. Die Heindl-Krippe ist eine offene Krippe mit großzügigem Aufbau: Der Stall, die bewehrte Stadt und die Landschaft wirken monumental und bieten viel Platz für die 50 Hirten und Gabenbringer, die Könige mit ihrem Gefolge, den Bürgerzug (Reiter mit Standartenführer), Pferde, Kamele und – die vielen Schafe. Maria und Josef, der Gloriaengel und die Heiligen Drei Könige sind goldgefaßt, die übrigen Hirten in lebendigen Farben. Zwei Figuren, ein Mehlsackträger und ein Mann mit einem Binkerl, sind signiert. Sie tragen die Zeichen *A.H. 1817*. Auch eine weitere Figur trägt die Jahreszahl 1817 auf dem Ranzen.

Da die Krippe heute noch von ihren Besitzern in Ehren gehalten wird und noch das alte „Krippenbewußtsein“ lebt, wissen wir auch einiges über die Geschichte dieser Krippe. Das Haus Mittere Gasse Nr. 2 mit dem Baukern aus dem 16. Jh. besaß im 18. und 19. Jh. eine „Messerergerechtigkeit“, die alte Steyrer Familie der Heindl stand aber auch in Verbindung zur Heindlmühle in Zwischenbrücken. (Der *„Müllner Zwischen den Pruckhen“* wird bei Jakob Zetl, Chronik 1626, als *„Catholischer“* genannt). Auch in der Mitteren Gasse Nr. 2 gab es einen Mehlhandel. So erklärt sich auch die Signierung *A.H. 1817* als Hinweis auf den „Müller“ mit dem Mehlsack und den „Handwerker“ mit dem Ledersack, in dem er seine Ware austrug. A.H. sind die Initialen des Anton Heindl im Haus Mittere Gasse 2, der als Messerermeister auch Krippenfiguren schnitzte.

Überraschend war dazu der Fund eines kleinen Zettels im Innern des Krippenaufbaus: *„Joseph Pölzl, Messerschmit Gesell gemacht 1852“*. Das heißt aber, daß – wie auch sonst oft – der damals unverheiratete und nicht

Könige in prachtvoller Kleidung.
Figurengruppe aus der Lamberg'schen Krippenfigurensammlung, um 1750. (Museum Steyr)

selbständige Gesell die Krippe gebaut oder zumindest die alte Krippe des A.H. umgebaut hat. Das würde auch der Überlieferung der Familie entsprechen, nach der die Krippe einmal verkleinert wurde. – Die Gesellen zählten zu den im Betrieb des Meisters oder Handelsherrn tätigen „Inleuten“.

So wie in Garsten und in Aichet die Nagelschmiede haben hier in Steyrdorf die Messerer Krippen gebaut. Diese Vorliebe geht wohl zurück auf die Zeit, als im protestantischen Steyr nur mehr wenige Katholiken übriggeblieben waren. Jakob Zetl, 1625: *„Ess seindt nur 16 Catholische Burger damahls vnd Zwar der maiste Thaill Handtwerchsleuth alhier gewest, vnd von geringem Vermögen.“*[13] Es sind die Handwerker in Steyrdorf. Sie ließen sich zuerst von der Glaubensverkündigung der Jesuiten in der „Vorstadtpfarre“ ansprechen, und so wurde hier der bürgerlichen Kastenkrippe der Weg bereitet.

Es gibt noch einen Hinweis darauf, daß in Steyrdorf und Aichet viele alte Krippen entstanden sind. 1923 wurden im Gesellenhaus in der Mitteren Gasse 60 Krippen ausgestellt. Ihre Besitzer wohnten zum größten Teil in diesem Stadtteil. Heute sind viele der damals ausgestellten schönen Krippen verschollen.

Der Bericht über diese Ausstellung wird zum Dokument der Krippenforschung.

Fleckerlbilder, Stoffklebearbeit in räumlicher Gestaltung, als Kastenbilder gerahmt (26 x 35 cm), 2. Hälfte des 18. Jh. (Museum Steyr)

Geburt Christi.
Szene aus der drehbaren Kastenkrippe, um 1800. (Museum Steyr)

Das Letzte Abendmahl, Christus am Ölberg.
Szene aus der drehbaren Kastenkrippe, um 1800. (Museum Steyr)

Krippenausstellung in Steyr: 1923

Die Krippenausstellung, veranstaltet vom 18. bis 20. Dezember 1923 im Gesellenhaussaale, war ein schöner Erfolg des katholischen Volksbildungsvereines Steyr. Die Ausstellung war reicher beschickt, als man vermuten konnte, sodaß 60 Krippenwerke den Saal füllten. Man hatte Gelegenheit, Krippen verschiedener Größe, von verschiedenem Material und Aufbau beisammen zu sehen und einen Überblick über die Steyrer Krippen zu gewinnen, wie er sonst nicht möglich ist. Zum Zwecke der wirkungsvollen Anordnung und Prüfung der Ausstellungsstücke war Herr Landeskonservator Dr. Oberwalder aus Linz erschienen, welcher sich dieser mühevollen Arbeit mit großer Sachkenntnis und Umsicht unterzog.

Gleich beim Eintritt in den Saal fiel der Blick auf die große Barockkrippe von Christkindl mit wunderbar geschnitzten Figuren, die ältesten aus dem 18. Jahrhundert. Sehr beachtet wurde ferner die Buchsbaumkrippe von Garsten. Interessante Stücke aus dem alten Besitz bürgerlicher Familien waren die Krippe des Herrn Stohl in schönem schwarzem Kästchen mit Barocksäulen, die Krippen der Familien Volbert, Ecker, Wochenalt und die Krippe Sonnleitner, welche letztere ein besonders gefälliges Beispiel und auch bestens erhalten ist. Herr Stohl hat auch ein altes Krippenbild ausgestellt, bemalte Figuren, ausgeschnitten und aufgeklebt und in eine halbe Rundung hineingebaut, wie es im späteren Rokoko häufig geschah.

Als charakteristisch für die Steyrer Krippen findet Dr. Oberwalder, daß sehr häufig Halbrelieffiguren vorkommen, die in eine Form gegossen oder, wenn sie aus Ton waren, gedrückt und dann gebrannt wurden. Ältere Männer, welche die Ausstellung besuchten, erzählten, daß noch in den Siebzigerjahren die Besitzer solcher Gußformen ihre Figuren in die Betriebe wie Feilenhauer Volbert usw. brachten, zur Zeit, wo ein starkes Feuer zum Härten des Eisens zur Verfügung stand, und bei dieser Gelegenheit ihre Tonfiguren brannten. Derartige Krippen waren die der Familien Obermayr, Them, Duda, Schmiedinger, Berger, Pfaffenbichler, Wolf, die alle figurenreich und gut erhalten sind. Auch die Wachszieher scheinen sehr tätig gewesen zu sein an der Herstellung von Wachsfiguren für die Hauskrippen.

Die meisten Figuren zeigen Maria und Josef mit dem Kinde, nicht in einer Grotte, sondern in Stall- und Ruinenkrippen, was auf italienischen Einfluß hindeutet. Einheimischen Ursprungs sind bei weiter ausgestalteten Krippen die ständig wiederkehrenden, typisch gewordenen Figuren des Rauchfangkehrers, Wildschützen, Nachtwächters, „Werkelmannes" und Einsiedlers. Die große Krippe des Herrn Ing. Heindl zeigt auch Typen der Ebenseer Krippen, den Leinwandhändler, Mann mit dem Vogelhaus, den „Juchheissa", einen lustigen Musikanten und die Gruppe „Vater, laß mich auch mitgehen". Bodenständig ist auch der in mehreren Krippen vorkommende Bäcker-Nazl, den wir nach Weihnachten im neuen Heim des Steyrer Kripperls im Museum sogar wieder spielen sehen werden. Drei Figuren der Heindl-Krippe zeigen die Jahreszahl 1817 mit den Buchstaben A.H., d.i. Anton Heindl, Großvater des jetzigen Besitzers. Sie gehört noch immer zu den großen Krippen, obwohl sie einmal verkleinert worden ist. Auch die Krippe der Familie Eidenböck ist der Rest einer größeren. Zu den größeren Krippen gehören die der Familie Mann und Obermayr. Verschiedene Krippen, darunter die beiden letztgenannten, besitzen einen Aufbau in drei Stockwerken. Hier konnte sich die Phantasie der Erbauer nicht genugtun an phantastischen Geländebildungen, bizarren Felsenformen und sonderbaren Bauten.

Sehr beachtet wurden die Krippen, welche Hochw. Herr Königseder in einem Krippenkurs mit den Knaben der „Frohen Jugend" hergestellt hatte. Sie waren durch Verwendung von Holz, Baumrinde, Stroh, Kork, Moos, ungemein malerisch herausgearbeitet und haben manchen Besucher zur Nachahmung angeregt. Auch die Literatur über Krippenbau, die Führich-, Schuhmacher- und Bachlechner-Krippenbogen lagen auf.

Beim Ausfindigmachen und Sammeln der Krippen durch die hochw. Herren Egger und Königseder zeigt sich, daß in sehr vielen Häusern noch Krippen vorhanden sind, die von den Vorfahren vererbt, in Ehren gehalten, zu Weihnachten mit Tannenreisig geschmückt, Weihnachtsstimmung in die

Wohnungen verbreiten und Weihnachtsandacht fördern. Die Ausstellung hat bei manchen die Freude an der Krippe wieder geweckt oder vermehrt, und so soll es bleiben, besonders, wo Kinder sind: Bei jedem Christbaum eine Krippe, vor der wir eingedenk bleiben, was die Ankunft Christi für die erlösungsbedürftige Welt bedeutet.

Steyrer Zeitung vom 30.12.1923

Einige der alten Steyrer Kastenkrippen – die frühesten stammen aus der Zeit um 1800 – sind erhalten geblieben. Es muß erwähnt werden, daß die Besitzer heute mit besonderer Liebe und Sorgfalt mit ihrer Krippe umgehen und ihr zu Weihnachten einen Ehrenplatz in der Wohnung einräumen.

Die Namen der ursprünglichen Besitzer spiegeln ein Stück Stadtgeschichte wider: Franz Lang, 1907 – 1917 Bürgermeister von Steyr; Heinrich Mann, Buchbinder in der Langen Gasse (Haratzmüllerstraße); Carl Obermayr, Messerer in der Gleinker Gasse; Karl Rauscher, letzter Nagelschmied von Steyr (bis 1930), Mittere Gasse; Ferdinand Schmidinger, Kupferschmied, dann Vorarbeiter in den Werndlwerken, Spielleiter der Gesellenheimbühne (später Kolpingbühne) und langjähriger Betreuer des Steyrer Kripperls; Josef Stohl, Lebzelter beim Roten Brunnen in der Kirchengasse, Familie Wochenalt, Viktualien, Sierningerstraße, und Wochenaltmühle, Pergern. Eine sehr alte Krippe (um 1800) stand im demolierten Haus Wieserfeldplatz 23 (mit Nagelschmiede). Alte Krippen gab es auch am Stadtplatz (Graßl), in der Engen Gasse und in der Ölberggasse.

Eng mit dem Leben der Bürger von Steyr ist auch das Steyrer Kripperl verbunden, ein kurioses Stockpuppentheater und zugleich das letzte erhalten gebliebene alte Krippentheater im deutschsprachigen Raum. Ein schmiedeeisernes Aushängeschild, das einen Nachtwächter mit Horn, Laterne und Hellebarde darstellt, weist dem Besucher den Weg in den Innerberger Stadel (Museum), wo an den Sonntagen vom Advent bis Maria Lichtmeß gespielt wird. Der Liachtlanzünder, der Bäckernazl und sein Meister, der Rauchfangkehrer, die Tramperlwirtin, die Handwerker in ihren Gewölben und die Aufzüge des Bürgercorps, die Fronleichnamsprozession erscheinen wie ein lebendiger Bilderbogen, und auch die Geburt Christi, die Anbetung der Hirten („Der Engel weckt die Hirten auf", „Die Hirten ziehen zur Krippe") und der Einzug der Heiligen Drei Könige sind hineingestellt in das pulsierende Leben der biedermeierlichen Stadt Steyr.

Kraxentrager aus der Heindl-Krippe

Figurengruppe aus der Heindl-Krippe

Vater, laß mi a mitgehn. Figurengruppe aus der Heindl-Krippe

Das Steyrer Kripperl

Viel Treffendes ist über das Steyrer Kripperl schon geschrieben worden. Im Jahre 1919 haben Viktor R. v. Geramb und Viktor Zack eine erste umfassende Darstellung des Spiels und der Spielweise veröffentlicht.[14] 1987 hat Alfred Stifter, der in seiner Jugend selbst unter den Kripperlspielern zu finden war, die theatergeschichtlichen Zusammenhänge beleuchtet.[15] In der knappen Darstellung der Veröffentlichung des Vereins Heimatpflege Steyr (1969) hat Veronika Handlgruber-Rothmayer verschiedene persönliche Erinnerungen von Kripperlspielern zusammengetragen. Hier findet sich auch der Hinweis von Laura Erlacher, daß 1855 – 1860 einfache Messererleute in der kargen Freizeit in liebevoller Kleinarbeit das Steyrer Kripperl in der heutigen Form gebastelt und die Figuren geschnitzt haben.[16] Es wird aber auch deutlich, daß schon lange vor dem Kripperlspiel im „Gasthaus zur Sense" in der Sierningerstraße, von wo das Kripperl 1923 in den Innerberger Stadel übersiedelte, in Steyr noch weitere Krippenspiele anzunehmen sind, auch wenn sich die Spuren der Überlieferung vor 1800 verlieren.

Beim Steyrer Kripperl treffen verschiedene Entwicklungslinien zusammen: Die Form der beweglichen oder mechanischen Krippen, der „laufaten" oder „rühranden" Kripperl, die es – vergleichbar mit den mechanischen Krippen in Böhmen – in Oberösterreich einmal in größerer Zahl gegeben hat; die Spieltradition der Spielkrippe um 1850, die Wilhelm Pailler als „Typus des obderennsischen Krippels" ausführlich beschrieben hat, eine von volkstümlicher Spielfreude überwucherte Darstellung der Geburt Christi; und das Puppenspiel als Form des Stegreiftheaters, das von der Freude am Spiel und am „Extemporieren" lebt. Auch die Texte des Steyrer Kripperls waren lange Zeit nur mündlich überliefert und sind auch heute noch offen für spontanen Wortwitz.[17]

Das Steyrer Kripperl ist als Stockpuppentheater nur lose mit dem biblischen Weihnachtsgeschehen verknüpft. Der besondere Reiz liegt in der Lebendigkeit des Spiels mit seinen handwerklichen, volkstümlichen Elementen und seiner herzerfrischenden Sprache. Man muß die Einmaligkeit des Steyrer Kripperls erleben, in dem kleinen Theater im Innerberger Stadel mit seinen ansteigenden Holzbänken, dem roten Samtvorhang der Bühne und der ganzen Spieltechnik. Da kann es schon vorkommen, daß die Spieler, die die einzelnen Stockpuppen führen und die „Aufzüge durchziehen", sich von der Stimmung der Kinder und Eltern, die dicht gedrängt im Saal beieinander sitzen, mitreißen lassen und ihre eigenen Texte ausspielen.[18]

Im Mittelpunkt der Vorderbühne sehen wir die Heilige Familie im Stall zu Bethlehem. Der Engel weckt die Hirten auf, die Hirten ziehen zur Krippe. Lebendig wird es, wenn der Nachtwächter mit Laterne und Hellebarde die Mitternacht ausruft: *„Alle meine lieben Herrn und Frauen laßt euch sagn, der Hammer, der hat zwölfi gschlagn! Gebts acht aufs Feuer und aufs Liacht, daß heut Nacht koan Unglück gschiacht. Hat zwölfi gschlagn."* Der Liachtlanzünder hat seine schwere Not mit dem Lausbuben, der ihm immer wieder – als unterirdischer Wind – die Straßenlaterne ausbläst, bis schließlich seine eigene Pudelhaube zu brennen beginnt. Bergknappen fahren ins Bergwerk hinein. Der Berggeist erscheint.

In den Gewölben der nächsten Etage sind die Handwerksstätten und Gewerbeläden angesiedelt. Hier spielen sich die Handwerkerszenen ab. Es treten auf: der Bäcker und der Müller, die Messer- und Nagelschmiede (lustige Gesellen, immer bereit für ein lustiges Lied), der Schleifer, der Hammerschmied, der Binder, der Drechsler, der Weber, der Seiler, der Tischler, der Schuster, der Schneider und nicht zuletzt die Pilotenschlager, die „Schlögler", die ihre Schlögel krachend niedersausen lassen. Die Figurengruppen werden mechanisch bewegt.

Der Bäckernazl treibt seinen Schabernak mit seinem

Szenen aus dem Steyrer Kripperl: Der Nachtwächter, der Lichtlanzünder, Handwerker

Meister, der Kasperl auf Stelzen narrt die Hochzeitsgesellschaft bei der Traubenwirtin. Auch der Rauchfangkehrer und sein Hund Kartuscherl gehören dazu. Er beißt die keifende „Tramperlwirtin" ins Wadel.

Alles das spielt sich schon auf der Oberbühne ab, auf der freien Spielfläche zwischen den beiden Toren und den Straßenzügen mit den Bürgerhäusern der biedermeierlichen Stadt Steyr. Hier zieht der Fronleichnamszug mit den weißen Mädchen vorbei, die Bürgergarde, der Zug der Heiligen Drei Könige. Wir erleben die Schlittage, das Schlittenfahren, und das Goaßlfahren, ein übermütiges Pferdeschlittenrennen.

Manche Szenen sind austauschbar: die Wildpratschützen, der Schiffszug auf der alten Enns, der Krampus und der Nikolaus. Eine neue Szene ist die Steyrtalbahn, eine liebevolle Erinnerung an die einst letzte dampfbetriebene Schmalspurbahn Österreichs.

Wenn am Schluß auf der Bühne die Figur des Theaterdirektors erscheint, sich beim Publikum bedankt und zur nächsten Vorstellung einlädt, bleibt nur noch der Wunsch wiederzukommen oder – der wohlgemeinte Rat: Besuchen Sie das Steyrer Kripperl und freuen Sie sich eine Stunde lang über das kuriose Stegreifspiel und den erfrischenden Wortwitz.

Steyrer Kripperl, Der Einzug der Heiligen Könige aus dem Morgenland

Das Nachtwächterlied

Krippenjahre – Krippenschaffen heute

Oskar Oberwalder beklagt in der Zeitschrift für Geschichte, Landes- und Volkskunde „Heimatgaue", Dezember 1922, daß die Pflege der Weihnachtskrippe in Kirche und Familie seit Ende des 18. Jahrhunderts trotz des Aufschwungs des Krippenwesens „in den romantischen Tagen des 19. Jahrhunderts" weit zurückgegangen sei.[19] Und doch hat es immer wieder deutliche Krippenjahre gegeben.

Um 1800 wurde in Steyr die Kastenkrippe zur Hauskrippe. Es waren gute Krippenjahre. Viele der noch erhaltenen Krippen gehen in diese Zeit zurück, und man gewinnt den Eindruck, als hätte sich die Form des Kastens erst entwickeln müssen: Manche Kästen sind leicht bogenförmig gewölbt, andere gleich einem Uhrkasten trapezförmig abgeschrägt, wieder andere Kripperl sind in ein schreinförmiges verglastes Kästchen hineingebaut.

Um 1850 befruchteten die Pilgerreisen ins Heilige Land das Krippenschaffen, es entstand die orientalische Krippenlandschaft mit Rundtempel, orientalisch anmutenden Häusern und schlanken minarettähnlichen Türmchen. Sehr aufschlußreich und amüsant zu lesen ist die Beschreibung der Pilgerreise des Brunecker Bäckermeisters Johann Hilber in das Heilige Land in den Jahren 1851/52.[20] Auch wenn diese Reiseerinnerungen des „Jerusalemerbäck" in unserem Land wohl nicht bekannt waren, so ist es doch köstlich zu sehen, wie gerade die Garstner Nagelschmiede oder die Steyrer Messerer, deren Erzeugnisse weit in alle Lande hinausgetragen wurden, die Kunde von der fremdartigen Welt Palästinas in ihren Krippen verarbeitet haben. So hat auch Josef Hilber eine topographische Skizze von Bethlehem abgedruckt, wie ganz allgemein Abbildungen der heiligen Stätten sehr beliebt waren.

Viele Krippen entstanden in der zweiten Hälfte des 19. Jahrhunderts bis um die Jahrhundertwende. Das Krippenschaffen setzte sich über Laussa und Losenstein, einem Nagelschmiedort, ins Ennstal hinein fort, Der 1852 in Perg geborene und eine Zeit in Steyr ansässige Ignaz Oberrader trug die Krippenidee über Gaflenz, eine alte Garstner Pfarre, nach Waidhofen an der Ybbs. Bedeutend ist seine figurenreiche Kastenkrippe mit Wechselszenen in der Bürgerspitalskirche Waidhofen. In Weyer schuf um diese Zeit Josef Gabriel Frey (1791 – 1884) bemerkenswerte Krippendioramen mit kolorierten Papierschnittfiguren.

Neuen Aufschwung brachte die Erneuerung des religiösen Lebens durch Papst Pius X. (1903 – 1914). Auch die zwanziger Jahre waren Krippenjahre. Vielleicht waren gerade jetzt die Menschen in all ihrer Unsicherheit offen für das Geheimnis der Weihnachtskrippe. Dazu kam das Wiederaufleben der liturgischen Bewegung. In diese Zeit fallen Krippenkurse und Krippenausstellungen. Kooperator Felix Königseder baute 1928 für die Vorstadtpfarrkirche Steyr eine Krippe aus halbmorschen Wurzelstöcken, Kork und Moos. Sie war bewußt einfach gehalten und stand so im Gegensatz *„zu den verbreiteten Kastenkrippen mit ihren erdrückenden Stadtanlagen, um eben den Stall mit der Heiligen Familie zur Hauptsache zu machen, der bei den Kastenkrippen durch die Fülle des anderen fast zur Nebensache wird."* (Steyrer Zeitung, 5. 1. 1928).[21]

Karl Klauda baute die große mechanische Krippe von Christkindl, 1920 gestaltete Josef Pasteyrik (1878 – 1957), Arbeiter in den Steyrwerken, für seine Familie zwei ansprechende Wandkrippen mit selbstgeschnitzten einfachen Figuren. 1930 schuf Max Oberhuber, Linz, für die Garstner Stiftskirche die neue großfigurige Krippe, die 1937 von Arthur Rauch, Altmünster, mit den Dreikönigsfiguren ergänzt wurde. Bemerkenswert ist, daß sich unter den Förderern der Weihnachts-

Kirchenkrippe von Max Oberhuber, 1930, Stiftskirche Garsten

krippe Personen mit klingendem Namen finden: Michael Blümelhuber (Begründer der Steyrer Stahlschnittschule), Prof. Hans Gerstmayr (Stahlschnittkünstler), Max Kislinger („Alte Bauernherrlichkeit"). Doch dann wurde es still um die Weihnachtskrippe.

Wie ein erratischer Block erscheint es mir heute, wenn in den letzten Kriegsjahren der Jesuitenpater Josef Wackerle mit uns Buben in den Räumen des Jesuitenkollegs hinter der Marienkirche in Steyr einfache Wurzelkrippen oder ein Heiliges Grab bastelte. Die Papierfiguren malte Wackerle selbst. Er stammte aus der Tiroler Familie des Johann Freiherr von Führich. Auch die Ehrwürdigen Schwestern in der Berggasse und in St. Anna bauten Wurzelkrippen.

Jahrzehnte später brach mit der Wiederentdeckung des heimatlichen Brauchtums im ganzen Land eine neue Blüte des Krippenschaffens auf. Krippenbaukurse und Krippenausstellungen ermöglichten ein neues Verständnis für die Weihnachtsskrippe, die lange Zeit als altes Gut vergessen schien. Jeder Krippenbesitzer weiß nun: Er darf stolz auf seine alte Krippe sein, ob sie nun reich oder einfach gestaltet ist, ob sie sich in einem guten oder schlechten Zustand befindet. Und es ist zu wünschen, daß uns die neue Zuwendung zur Krippe über die Liebe zum Krippenbauen auch für das tiefere Mysterium der Weihnachtskrippe empfänglich macht.

Garsten, Christkindl und Steyr sind in den letzten Jahren als Krippenland mit bodenständiger Krippentradition entdeckt worden. Erste Impulse für den Bau neuer Krippen sind von Garsten ausgegangen, als 1977 beim ersten Garstner Adventmarkt alte bodenständige Krippen ausgestellt wurden (Bruni Kreczi) und 1979 Vev Aigner in Garsten und Josef Seidl in Christkindl in Krippenbaukursen die Fertigkeit, heimische Kastenkrippen zu bauen, zu vermitteln begannen. Hier nahm die Welle der Krippenbaukurse im ganzen Land ihren Anfang.

Meine Frau Elfi und ich haben Dutzende alte Krippen restauriert, die Tradition der Garstner Krippen erforscht und die Bodenständigkeit der Steyrer Loahmmandel nachgewiesen;[22] unsere Ausstellung alter Krippen ist zu einem festen Bestandteil des Garstner Adventmarkts geworden, ebenso wie die „Krippenstube", in der Vev Aigner neue Krippen und neue „Krippenideen" präsentiert. Therese Gintersdorfer hat sich große Verdienste um die Pflege des heimatlichen Brauchtums erworben. Sie gestaltet den Garstner Adventabend im Linzer Brucknerhaus, in dem auch das Krippenspiel seinen festen Platz hat. Auch die übrigen Ausstellungen des Garstner Adventmarkts, gestaltet von Therese Gintersdorfer, Anna Sallinger und Brunhild Kreczi, stehen in lockerem Zusammenhang mit der Weihnachtskrippe. Josef Seidl hat mit Tiroler Krippenfreunden aus Nassereith die große Pöttmesserkrippe neu gestaltet und 1991 in Garsten die erste Krippenbauschule in Oberösterreich ins Leben gerufen.

In Steyr nehmen sich Erich Mühlbauer und Paul Pfaffenbichler, dessen Großmutter Leopoldine schon um 1880, als ihre Kinder geboren wurden, Kripperl gebaut hat, um den Bau heimatlicher Krippen an. Wolfgang Bernhauer ist der umsichtige und kunstverständige „Hüter" des Steyrer Kripperls.

Die Krippenbauer fühlen sich der Tradition der Kastenkrippe und der Loahmmandel verpflichtet, und es ist doch eine neue Krippenlandschaft entstanden. Sie lassen entsprechend ihrer Vorliebe neue interessante Formen der Weihnachtskrippe lebendig werden: Schwammkrippen, lebensgroße Figuren als Bretterkrippe beim Garstner Adventmarkt, Baumstammkrippe (Vev Aigner); große mechanische Garstner Kastenkrippe, bewegliche böhmische Stufenkrippe, Leiden Christi (Elfi und Karl Mayer); orientalische Krippen, Keramikkrippen, Krippe im Eisenbahnwaggon (Josef Seidl); Krippe mit bekleideten Figuren, Sammlung erlesener Schätze weihnachtlicher Darstellungen (Therese Gintersdorfer); Schwammkrippe als Wandkrippe mit Steyrer Stadtmotiven (Günter Mödlagl); Schneekrippe, Steyrer Kripperl in Miniatur, selbstmodellierte Figuren (Rosi Gruber, geboren in

Garsten); geschnitzte Krippenfiguren und Krippenberge (Ludwig Rankl); Wachskindl und Glasstürzel (Irmgard Hörwertner); bekleidete Wachsfiguren (Anneliese Scheffer). Auch der Bildschnitzer Erich Heuberger muß genannt werden. Er ist gebürtiger Garstner und oftmaliger Gestalter weihnachtlicher Ausstellungen im Steyrer Bummerlhaus.

Bei den Krippen in Garsten, Steyr und Christkindl findet der Besucher die Einstimmung auf Weihnachten. Der Garstner Adventmarkt mit seinen Krippenausstellungen gibt den Auftakt. Die Buchsbaumkrippe von Marian Rittinger, das Wachskindl im Schrein und zwei Nagelschmiedkrippen sind im Stiftsmuseum der Pfarre Garsten zu sehen. Zwei große bewegliche Krippen sind in Privatbesitz. Im „Innerberger Stadel" (Museum der Stadt Steyr) spielt das „Steyrer Kripperl". Christkindl beherbergt im Pfarrhof die große „mechanische Krippe" und seit 1999 die Pöttmesserkrippe. Im Mittelpunkt steht jedoch das Gnadenbild des Jesuskinds im Strahlenkranz des Hochaltars der Pfarrkirche, das „Gnadenreiche Christkindl im Baum unterm Himmel".

Schwammkrippe mit Steyrer Stadtmotiven von Günter Mödlagl, 1990 (Privatbesitz Steyr)

Detail aus der Schwammkrippe mit Steyrer Stadtmotiven, 1990

Weihnacht in einem Mühlviertler Bauernhof,
1987 (Privatbesitz Garsten).
Der Knecht, der von seiner Kammer herunterkommt, sieht als erster das neugeborene Kind.

Wie die erste mechanische Garstner Kastenkrippe entstand

Auf der Suche nach einer geeigneten Ausstellungsvitrine für die Krippenausstellung beim Garstner Adventmarkt fanden wir bei einem Antiquitätenhändler 20 bäuerlich-einfach geschnitzte Krippenfiguren, darunter einige, die beweglich angelegt waren. Meine Frau war fasziniert: Vor ihrem geistigen Auge entstanden wunderschöne Krippen mit beweglichen Szenen, und am liebsten hätte sie die Figuren – dabei war auch ein Stall und eine Schmiede – gleich mitgenommen, wenn sie nicht so teuer gewesen wären. Meine Bedenken, die Figuren seien ohnedies zu einfach, nicht vollständig und auch gar nicht so schön, verstand sie zu zerstreuen: Schenk mir doch zu Weihnachten statt eines schönen Schmuckstücks diese Figuren! Sie bekam – auch – die Krippenfiguren.

Woher die Figuren stammten, konnten wir leider nicht mehr erfahren. Sie sollen Monate vorher im Ennstal zum Kauf angeboten worden sein. Es läßt sich aber vermuten, daß der Erbauer der Krippe das Steyrer Kripperl und vielleicht auch die mechanische Christkindler Krippe gekannt hat. Ob die Krippe jemals in der Gesamtheit aufgestellt war, müssen wir allerdings bezweifeln. Die Reste der vorhandenen Mechanik waren so stümperhaft, daß sie wohl nie funktioniert hat.

Wir begannen zu planen. Die Krippe sollte im Aufbau der typischen Art der Garstner Kastenkrippe entsprechen. Die Geburt Christi wollten wir in unsere engere Heimat Garsten – Steyr – Christkindl verlegen, eingebettet in den von Landwirtschaft, Holz- und Eisenverarbeitung geprägten Lebensraum.

So sahen wir die Szenen vor uns: Die Herbergsuche in Steyr vor reichen Bürgerhäusern, die Geburt Christi vor den Toren der Stadt, darüber die Verkündigung an die Hirten vor der Kulisse des Klosters, die Flucht nach Ägypten über die Berge. Dazu kommen das Haus von Nazareth und die Schmiede, der Einsiedler mit Glockenturm und Klause und der Holzhacker vor dem Bauernhof. Vor den gabenbringenden Hirten und dem Zug der Heiligen Drei Könige spielt der Harfenspieler sein Lied ...

Im Juni 1987 wurde der Plan konkret. Ein Antiquitätentischler baute nach unseren Plänen einen Kasten aus altem Holz. Die Krippe sollte so groß wie möglich werden, aber doch transportabel bleiben. Als der Kasten mit den Maßen 160 x 70 x 100 geliefert wurde, kamen uns erste Zweifel: Werden wir die Krippe, wenn sie fertig ist, auch wieder aus unserem Keller hinaustransportieren können?

Im August begannen wir mit dem Aufbau der Krippe. Daß wir schon in den Jahren zuvor 30 bis 40 Kastenkrippen restauriert hatten, kam uns zugute, doch mußte diesmal der Aufbau leichter werden. Wir hatten schon das ganze Jahr nach ausgetrockneten Wurzel und Rindenstücken Ausschau gehalten, meine Frau brachte von einer Schullandwoche im Mühlviertel Baumschwämme und verschiedene Arten von Stein- und Baummoos mit, andere Moose fand ich am Pötschenpaß, die gelben Flechten stammen von alten heimischen Birnbäumen.

Mein Bruder, Othmar Mayer, malte uns, nach einem alten Stich von Rohbock, den Hintergrund und die Tafelbilder auf der Innenseite der Türen des Krippenkastens, Günter Mödlagl schnitt die Häuser der Stadt Steyr aus Balsaholz. Erwin Schmidleitner, mit dem wir schon seit Jahren zusammengearbeitet hatten, fand die Idee, die beweglichen Szenen mit Waschmaschinen-Timer-Motoren anzutreiben. Eine übliche Art der Mechanik wäre zu schwer geworden.

Nun kamen die Details: Aus Schieferplättchen, die wir aus Mühlbach heimtrugen, wurden Katzenkopfpflaster und Mauerwerk, und wirklichkeitsnah entstand neben dem Bummerlhaus die „Mayerstiege". Das Stadttor trägt die Jahreszahl 1492 (das Steyrer Bummerlhaus wurde gebaut, als Christoph Columbus

Amerika entdeckte), ein Bürgerhaus trägt – im Sgraffitofeld versteckt – die Jahreszahl 1987, ein anderes unsere Hausnummer 7. Die Häuser der Stadt Steyr sind schindelgedeckt. Das strohgedeckte Bauernhaus läßt Ferienerinnerungen wachwerden, das ländliche Schloß ist der alten Dambacher Nagelschmiedkrippe nachempfunden. Im Haus von Nazareth, in ein Holzkisterl hineingebaut, findet sich reichlich kleines Küchengerät und das Werkzeug des Zimmermanns, ein Mitbringsel von einer Reise nach Heidelberg.

Wir arbeiteten neben unserem Beruf durch Wochen hindurch Tag und Nacht und die Krippe wurde gerade rechtzeitig zum Adventmarkt fertig. Doch als wir sie zur Ausstellung im Mesnerhaus bringen wollten, wurde uns klar: Sie geht nicht aus dem Keller hinaus, der Türstock ist zu eng. Also mußte der Türstock daran glauben. Das trug uns vielfach Schmunzeln ein und bei der Eröffnung des Garstner Adventmarkts den scherzhaften Titel „Mayr z'Kripperl in Garsten".

DIE SZENEN DER KRIPPE

Das Geschehen der Heiligen Nacht ist in die gewohnte heimatliche Umgebung gestellt: Im Hintergrund als Prospekt das Kloster Garsten an der alten Ennsschleife der Boig, rechts die Stadt Steyr mit ihren markanten Bürgerhäusern und Stadttoren. Von der Hald mit Hirtenfeld und Verkündigungsengel führt der Weg zurück zum benachbarten Ort Christkindl. Auf der linken Seite die ländliche Umgebung mit Land- und Holzwirtschaft, vorne die Schmiede als Beispiel für das metallverarbeitende Handwerk.

Fünf Szenen sind in der Krippe bestimmend: Zwei Schmiedegesellen schmieden im Takt ein Hufeisen, der Lehrbub zieht den Blasbalg. Ein Holzhacker hackt Holz vor dem Brunnen und dem Holzstoß. Es sind Menschen der gewohnten Umgebung. Unter dem Steilabfall von Christkindl, vor seiner Höhle mit Kreuz und Betschemel, läutet der Glöckner sein Glöckchen. Er entspricht dem Eremiten, dem Einsiedler, in alten Garstner Krippen. Der Zimmermann sägt Holz vor der wohleingerichteten Küche und der Zimmermannswerkstatt im Gewölb unter der Stadtmauer. Zu diesem „Häuschen von Nazareth" gehört natürlich auch der kleine Garten mit dem Apfelbaum.

Wesentlich ist die Szene des Harfenspielers. Auf der freien Wiesenfläche vor dem Stall, mitten unter den Schafen sitzend, zupft er besonnen die Harfe und strahlt dabei unendliche Ruhe aus. Und diese sanft verhaltene Stimmung leitet über zum hell erleuchteten Stall mit dem Jesuskind, zu dem die Hirten mit ihren Gaben eilen und vor dem die Heiligen Drei Könige anbetend knien. Christus ist geboren in einem Felsenstall, fern der reichen Stadt Steyr oder dem Kloster Garsten oder dem lauten Treiben der Menschen.

Noch weitere Details – unbewegte Szenen – machen die Krippe lebendig. Es entsteht eine Art Bilderbogen: Der Engel, der den Hirten aufweckt; in der Stadt, direkt vor dem Bummerlhaus, die Herbergsuche; der Nachtwächter vor dem Stadttor; die tratschenden

Hirtenschlaf, Blick auf das Kloster Garsten an der alten Boigschleife der Enns. Detail aus der mechanischen Garstner Kastenkrippe, 1987

Hirten auf dem Weg nach Christkindl; der Hirt mit der Ziege; die Magd, die von der Viehweide kommt. Ganz wesentlich gehört der Bauernhof dazu, das ländliche Schloß, die Flucht nach Ägypten als Weg übers Gebirge.

Die Tafelbilder auf der Innenseite der Kastentüren stellen die Verkündigung Marias und die Flucht nach Ägypten dar. Sie umrahmen das weihnachtliche Geschehen in der Krippe.

AUSSTELLUNGSGESPRÄCHE

* „Jetzt komme ich schon zum dritten Mal und der hat noch immer nicht das Holzscheit durchgeschnitten!" (Ein zehnjähriger Bub über den Zimmermann).

* „Mutti, gelt, das ist ein großer Vogel?" „Nein, das ist ein Engel." „Hat ja Flügel!" (Ein fünfjähriges Mädchen zum Gloriaengel).

* Ein Kind, das offenbar zu viel vor dem Fernseher sitzt, über den schlafenden Hirten, der mitten unter den Schafen liegt : „Vati, schau, den haben s' erschossen!"

* Ein anderes Kind zum Hirten mit Bart und Stab: „Schau, Papa, da steht ja der Nikolaus!"

* Ein Besucher macht uns aufmerksam: „Können Sie Harfe spielen?" – „Nein." – „Der Hirt hat die Harfe verkehrt in der Hand!"

* Ein Schmiedemeister klärt uns auf: „Wenn der mit dem Hammer auf das Hufeisen schlägt, springt es ihm ins Gesicht!" (Das Hufeisen liegt über der Kante der Docke auf.)

* Gerne erzählen wir den Besuchern: „Der Einsiedler hat seine Kapelle mit Kreuz und Betschemel, und dort betet er gewöhnlich. Nur wenn liebe Gäste hier sind, kommt er heraus und läutet die Glocke." Wer sollte sich nicht freuen über diese Aufmerksamkeit?

Herbergsuche vor dem Steyrer Bummerlhaus. Detail aus der mechanischen Garstner Kastenkrippe, 1987

Mechanische Garstner Kastenkrippe, 1987 von Elfi und Karl Mayer mit altem Figurenbestand gebaut.
(Privatbesitz Garsten)

Legende Christkindl

Christkindlstadt, Christkindlpostamt, Christkindlmarkt: Das Christkind ist in den Sog der Werbung geraten. Der Name Christkindl wird mit der Weihnachtspost in alle Welt hinausgetragen, seit im Jahre 1950 das Sonderpostamt Christkindl eröffnet wurde. Über zwei Millionen Briefe werden jährlich abgestempelt und befördert. Viele Briefe aus aller Welt sind in Christkindl eingelangt, auch von Kindern, adressiert „An das liebe Christkind".

In der Werbung der Christkindlstadt Steyr sind auch die Advent- und Weihnachtsmärkte der Region eingeschlossen, voran der Garstner Adventmarkt, der seit 16 Jahren in seinen Ausstellungen unverfälschtes weihnachtliches Brauchtum und bodenständiges Handwerk präsentiert; der Standlmarkt am Platzl vor der Architekturkulisse der barocken Stiftskirche ist zum Ort der Begegnung und der vorweihnachtlichen Freude geworden.

Immer jedoch führt der Weg nach Christkindl zurück: von der Krippenausstellung in Garsten über das Steyrer Kripperl und die Pöttmesserkrippe im Innerberger Stadel bis zur großen mechanischen Krippe im Pfarrhof zu Christkindl, die mit ihren fast 300 beweglichen Figuren und der Musik aus einer Walzenorgel zum Treffpunkt für jung und alt, für Einheimische und Fremde geworden ist.

Geschäftigkeit und Besinnliches liegen eng beisammen. Das spürt der Besucher der Lateinischen Hochämter an den Adventsonntagen in der Pfarrkirche Christkindl. Schlichter gregorianischer Choral, die Besinnlichkeit liturgischer Texte, die Orgelmusik alter Meister und der Glanz des Altars, des Kirchenraums sind eine Einstimmung in das Geheimnis von Weihnachten. Es werden Erinnerungen wach: Christkindl als Wallfahrtsort.

Alljährlich zog, nach dem Ende des 2. Weltkriegs, am 12. September eine Prozession von der Stadtpfarrkirche über die damals noch unverbaute Christkindlleite nach Christkindl hinaus, vorbei an Wiesen und Feldern. Fahnen, Kreuzträger, Ministranten, eine plaudernde, betende, singende Schar. Auf dem letzten Stück des Wegs vor der Kirche übernahm der Pfarrer von Christkindl die Führung: Berührung der Prozessionskreuze, Begrüßung, gemeinsamer Einzug in die Wallfahrtskirche. Es war Nachkriegszeit. So mancher legte seine persönlichen Bitten und Sorgen, aber auch seinen Dank dem Jesuskind zu Füßen. Nach der Andacht in der Kirche ging's ins Gasthaus, wo einst auf steilem Felsabbruch der Einsiedler seine Eremitage hatte. Man saß beisammen, sah auch manchen kuriosen Kauz, man freute sich, lachte, genoß den Nachmittag und ging dann froh den langen Weg wieder zu Fuß nach Hause.

Christkindl ist auch heute noch das Ziel mancher Familienwallfahrt geblieben. Christkindl als Ort familiärer Begegnung.

Die Geschichte der Wallfahrt „zum gnadenreichen Christkindl im Baum unterm Himmel" geht zurück auf einen Mann namens Ferdinand Sertl, der 1691 bis 1725 Thurnermeister (Türmer) in Steyr war. Er litt an der Fallsucht und hielt sich gerne in der Einsamkeit auf. In einem kleinen Wäldchen in der (damaligen) Garstner Ortschaft Unterhimmel befestigte er an einem Fichtenstamm ein Bild der Heiligen Familie, um davor zu beten. 1695 oder 1696 kaufte er von der Ausgehschwester des Coelestinerinnenklosters in Steyr um 30 Kreuzer ein kleines aus Wachs geformtes Jesuskindl und stellte es in einer Höhlung, die er in die Fichte eingestemmt hatte, auf. Dorthin ging er nun mehrmals in der Woche, betete und glaubte und sah sich bald von seinen epileptischen Anfällen geheilt.

Die Kunde von seiner wunderbaren Heilung blieb nicht verborgen, und in kürzester Zeit pilgerten so viele Menschen zum Jesuskind im Fichtenstamm, daß schon 1699 eine hölzerne Kapelle um den Baum errichtet werden mußte. Wenige Jahre später berichtete Abt Anselm Angerer von Garsten dem Bischof von Passau, daß an manchen Tagen bis zu tausend Menschen dorthin kamen. Auch gab es bald Votivtafeln, silberne Votivgaben, „Denk- und Dankopfer" für die vielen Erhörungen und Heilungen. Eine Einsiedelei wurde zur Betreuung der Gnadenstätte in nächster Nähe des Gnadenhauses errichtet.

Allmählich legte auch die kirchliche Obrigkeit die Zweifel ab, mit denen sie anfangs der aufkeimenden Wallfahrt entgegentrat. Die kirchlichen Behörden fürchteten nicht zuletzt die weltlichen Begleiterscheinungen wie Wirtshaus und Almosenschacher. 1708 konnte Abt Anselm den Grundstein zu seiner neuen Wallfahrtskirche legen, die er schon 1702 entgegen dem kirchlichen Bescheid zu bauen begonnen hatte: *„Also möget ihr anjezo mit dem weiteren Gepeu mehrbesagter Christ Kündl-Capellen ungehündert fortfahren und dasselbe völlig zu Endt bringen."*[23] Christkindl unterstand dem Kloster Garsten.

Der erste Superior von Christkindl war P. Ambrosius Freudenpichl. Er hielt bei der Segnung der baulich nicht vollendeten Kirche im Jahre 1709 die Festpredigt, die wegen der unübersehbaren Volksmenge im Freien stattfand. Von ihm stammt auch der erste ausführliche Bericht über die Entstehung der Wallfahrt im Mirakelbuch „Wunderwürckender Lebensbaum", 1712 bei Joseph Grünenwald in Steyr gedruckt. Giovanni Battista Carlone war der Baumeister der Kirche, Jakob Prandtauer setzte 1708 sein Werk fort. Johann Carl von Reslfeld malte das Altarbild des Seitenaltars „Geburt Christi mit der Anbetung der Hirten",[24] Leonhard Sattler schuf um 1720 das vergoldete Schnitzwerk des Hochaltars, das sich als Wolkenband und einer großen

Geburt Christi und Anbetung der Hirten. Seitenaltarbild in der Kirche in Christkindl von Johann Carl von Reslfeld, 1711

Engelsglorie mit 35 Putten und Cherubsköpfen um den konservierten Stamm des „Christbaums mit dem Christkindl“ rankt.

Im Jahre 1725 erlebte Ambrosius Freudenpichl, der inzwischen Abt von Garsten geworden war, den krönenden Abschluß seiner Bemühungen um Christkindl: Der Bischof von Passau, Josef Dominik Graf von Lamberg, weihte die Kirche ein und konsekrierte die drei Altäre. 1785 wurde Christkindl, um der drohenden Aufhebung durch Kaiser Josef II. zu entgehen, Lokalkaplanei und 1787 selbständige Pfarre. Das Stift Garsten, mit dem Christkindl auf das innigste verbunden war, wurde am 1. Mai 1787 aufgehoben.

Christkindl ist zur berühmten „Hauswallfahrt“ für Steyr-Garsten geworden. „Während man die Liturgie mit barocker Prachtentfaltung in den über alle Notwendigkeit hinaus großen und herrlichen Stadt- und Stiftskirchen feiert, sucht der einzelne zusätzlich eine Stätte privater Andacht für sein Beten, Bitten und Danken.“[25]

In seiner ganzen Schlichtheit spricht das Wachsjesuskind als Gnadenbild den frommen Beter an: Im Gegensatz zum Christkind in der Garstner Stiftskirche, das, um 1620 von Hans Spindler als Tabernakelaufsatz geschnitzt, in der Linken das Kreuz trägt und die Rechte segnend erhoben hat, aber auch im Gegensatz zum elfenbeinernen Salzburger Loretokindl, das in der rechten Hand ein Zepter hält, trägt das kleine wächserne Jesuskind von Christkindl in der erhobenen Linken das Kreuz und in der halb gesenkten Rechten die Dornenkrone. Diese Botschaft geht tiefer: Die Lieblichkeit der Kindgestalt verbindet sich mit dem Zeichen der Mühsal und des Leids. Das Christkindl wird zum Gnadenbild für die Mühseligen und Beladenen, die sich gläubig dem Kind anvertrauen.

Der Wallfahrerstrom ist heute selten – oder anders – geworden. Das Christkindl hat es wohl heute schwerer, die Herzen der Menschen anzusprechen. Oder doch nicht?

Die Mechanische Krippe von Christkindl

Wie ein Porträt des Seniorchefs einer traditionsbewußten Firma erscheint das schlichte Bild neben der mechanischen Krippe, die im ehemaligen Wirtschaftsgebäude des Pfarrhofs Christkindl aufgestellt ist: Karl Klauda (1855 – 1939). Der Raum wirkt wie ein kleines, heimeliges Theater, die Krippenlandschaft wie eine Bühne, auf der es lebendig wird, wenn der Mechanismus eingeschaltet ist und die Krippenfiguren zur Musik einer Walzenorgel zu „laufen“ beginnen.

Längst schon ist die Mechanische Krippe zur Christkindler Besonderheit geworden, obwohl sie erst 1954 an die Pfarre kam. Die Familie Klauda hat nach dem Tod des Vaters die Krippe, an der er 40 Jahre lang gearbeitet hatte, der Pfarre vermacht.

Heute, da sich die Grenze zu unserem nördlichen Nachbarland geöffnet hat, fällt der Blick auch auf die alte Tradition der beweglichen Krippen in Böhmen, wo es im Erzgebirge, besonders aber im Riesen- und Adlergebirge 100 solche großen mechanisch bewegten Krippen gegeben hat. Heute sind nur mehr wenige erhalten, so etwa in Hohenbruck im Vorland des Adlergebirges (Trebechovice pod Orebem), im Riesengebirgsmuseum Starkenbach (Jilemnice), in Neuhaus (Jindrichuv Hradec) in Südböhmen, eine kleinere in Budweis.

In den volkstümlichen Weihnachtskrippen Böhmens mischte sich das vom Handwerk geprägte heimische Leben mit den biblischen Vorstellungen des Alten Testaments bis zur Geburt Jesu. Es gab die Werkstätten der Handwerker, die Musikkapelle, den Nachtwächter, einen Glöckler, Szenen des Alltagslebens, Windmühle, Wasserrad und Springbrunnen, wohl auch exotische Tiere und Palmen und die Hirten und Schafe als „Schnee der Krippe“. Manche hatten als „fahrende Schausteller mechanischer Künste“ ihren Krippenberg

Das gnadenreiche Christkindl im Baum unterm Himmel,
Gnadenbild aus Wachs, 12 cm, in vergoldeter Silberkapsel im goldenen Strahlenschein.
Wallfahrtskirche Christkindl

auf ein Fahrwerk montiert. Sie besuchten sogar die Schulen im Vorland des Riesengebirges; nach der Vorstellung wurde mit Hut oder Teller gesammelt. Die Krippenwagen kamen bis Prag und Wien, kleine „Bettelwagen" bis in die entlegenen Dörfer.

Das Riesengebirge war die Heimat Karl Klaudas. Er kam 1880 nach Steyr, arbeitete als Schlosser in der Werndlfabrik und wohnte in einem Bauernhof in Neuzeug. Hier traf die bodenständige heimische Krippentradition mit der böhmischen zusammen: Klauda baute Krippen mit beweglichen Figuren, montierte sie auf einen Wagen, fuhr mit zwei Pferden durch die Länder der Monarchie und kam durch Tirol und Italien bis nach Neapel. 1899 begann er mit dem Bau der großen mechanischen Krippe, für die er Teile der ersten verwendete und die er dann, als sein Lebenswerk, zu einem großen Bilderbogen eines Krippentheaters ausgestaltete.

DER AUFBAU DER KRIPPE UND IHRE FIGUREN

In einer reichgegliederten, orientalischen Landschaft mit Höhlen, Toren und einer stufenförmig aufsteigenden Stadt bewegen sich an die 200 Figuren in vier Ebenen. Ganz oben links ziehen die Heiligen Drei Könige samt ihrem Gefolge nach Bethlehem; ein Glöckler läutet die Glocke. Rechts oben macht die römische Burgwache ihren Rundgang.

In einer zweiten Ebene ziehen Menschen in ihre Heimatstadt, um sich in die Steuerlisten eintragen zu lassen, darunter auch Maria und Josef aus Nazareth; ein wenig später erscheinen sie auf der Flucht nach Ägypten. Von der rechten Seite kommen die Menschen nach Bethlehem, um dem Jesuskind zu huldigen. Da wird es in der Geburtsgrotte lebendig: Maria bemüht sich um das Kind, Josef wendet den Kopf den Besuchern zu, ein Hirt zieht ehrerbietig grüßend den Hut, und das Jesuskind richtet sich segnend in der Krippe auf.

Im rechten Teil der dritten Ebene laufen die Schafe einer Herde, eine Mühle hat Klauda zu Ehren seiner Frau, einer Müllerstochter, eingebaut, Mädchen tratschen beim Brunnen.

Von links ziehen biblische und historische Gestalten auf: Adam und Eva, der Paradiesesengel, Noah, Isaak und Abraham, Moses, die Propheten Aaron und Eliah, König Melchisedech, König David, Jesus als Zwölfjähriger mit seinen Eltern, Johannes der Täufer, Jesus und die Apostel, Paulus, ein Hoherpriester, Kaiserin Helena, Kaiser Konstantin und Karl der Große.

In der untersten Ebene läßt Klauda, selbst Handwerker, in den Gewölben den Steinmetz, Schmied, Faßbinder, Frauen an der Getreidemühle und Perlmuttschnitzer arbeiten. Dazwischen musiziert ein Engelsorchester.

Auch unbewegte Szenen beleben die Krippenlandschaft: Hirten, Jesus bei den Emausjüngern und zwei mythologische Wassergötter, vielleicht als Symbol für die Flüsse Enns und Steyr.

Der Krippenberg ist größtenteils mit aus Spanien und Portugal importierter Rinde der Korkeiche aufgebaut, einem leicht zu bearbeitenden dauerhaften Material. Die 300 Figuren hat Karl Klauda selbst geschnitzt, ebenso den aufwendigen Rahmen, für den der Steyrer Stahlschnittmeister Michael Blümelhuber den Entwurf lieferte. Mit dem Schnitzen des Rahmens hat Klauda erst mit 80 Jahren begonnen.

Die Mechanik der Krippe ist ein technisches Meisterwerk, ein wohldurchdachtes System von Zahnrädern, Wellen und Fahrradketten, auf deren Gliedern die einzelnen Figuren mit Stiften befestigt sind. Das Räderwerk, das den Zug der Figuren in verschiedenen Kreisen ermöglicht, wurde früher mit einer Handkurbel angetrieben. Sie wurde durch einen Elektromotor ersetzt. Die Begleitmusik kommt von einer böhmischen Walzenorgel aus dem vorigen Jahrhundert.

Anbetung der Hirten. Detail aus der Mechanischen Krippe von Christkindl

Mechanische Krippe Christkindl,
von Karl Klauda (1855 – 1939).
Maße der Krippe: L 371 cm, H 170 (237) cm, T 150 cm

Die Flucht. Detail aus der Mechanischen Krippe von Christkindl

Die größte Krippe der Welt – Ferdinand Pöttmesser

Die Pöttmesserkrippe ist eine echte Christkindler Krippe, auch wenn sie für einige Jahre im Museum der Stadt Steyr vorübergehend eine Heimstätte gefunden hatte.

1974 war zum ersten Mal ein Teil der Krippe im Steyrer Bummerlhaus ausgestellt, 1985 waren einzelne Szenen der Krippe bei der Krippenausstellung im Mesnerhaus beim Garstner Adventmarkt zu sehen. 1988 wurde sie dann anläßlich einer großen Krippenausstellung in der Schloßgalerie Steyr endgültig aus dem Dornröschenschlaf gerissen: Die gut 700 Figuren, die bisher in Schachteln auf dem Dachboden des Wirtschaftsgebäudes des Pfarrhofs Christkindl verstaut waren, belebten nun die auf 36 Quadratmetern neu aufgebaute Krippenlandschaft. Die Krippe wurde als die größte Krippe der Welt gepriesen, so wie Kenner es auch von Einsiedeln in der Schweiz wissen. Dort steht die erste große Krippe des Ferdinand Pöttmesser im neugeschaffenen „Diorama Bethlehem“.

Ferdinand Pöttmesser wurde 1895 in Meran geboren, gab mit 35 Jahren das von den Eltern übernommene Eisenwarengeschäft auf und widmete sich immer mehr dem Schnitzen von Figuren und Krippen. Nach Bildern und Fotos schuf er eine getreue Abbildung des Geschehens von Bethlehem und zog dann 1934 bis 1938 mit seiner 60 Quadratmeter großen Krippe nach Bozen, Bruneck, Meran und Mailand. 1949 ließ er sich in Innsbruck nieder und fand schließlich nach langer Suche in Einsiedeln in der Schweiz einen dauernden Aufstellungsplatz für seine Großkrippe. Unter der künstlerischen Leitung von Dr. Wilhelm Döderlein, Konservator am Bayerischen Nationalmuseum in München, entstand im neuen Diorama Bethlehem *„die größte und naturgetreueste Krippendarstellung der Welt“*.

Pöttmesser hörte aber nicht auf zu schnitzen. Und so entstanden immer mehr Figuren und weitere Tiere. Auch der alte Krippenberg war noch vorhanden, weil Döderlein ihn nicht in das Diorama einbauen wollte.[26]

Die Geschichte der Christkindler Pöttmesserkrippe begann im Jahre 1954, als der damalige Pfarrer Alois Hartl auf einer Pilgerreise in das Heilige Land mit dem Krippenmeister Pöttmesser zusammentraf: *„Wie ich zur Krippe kam? Er erzählte mir in Jerusalem von seiner Krippe und zeigte mir Bilder. Ein paar Jahre später besuchte er mich in Christkindl. Damals bot er mir seine Krippe an. Ich war jedoch nicht in der Lage, die gestellten Bedingungen – eine Million Schilling – zu erfüllen. Als ich 1972 erfuhr, daß es Pöttmesser sehr schlecht ging und ich mich beeilen müsse, wenn ich ihn noch sehen wolle, besuchte ich ihn in Innsbruck, und nach verschiedenen Besprechungen war es soweit, daß ich im Sommer 1973 die Krippe samt Podium und all ihren Teilen um 50.000 Schilling erwarb und nach Christkindl holte. Pöttmesser ging es nicht ums Geld. Er wollte, daß sein Lebenswerk in gute Hände kommt und daß die Krippe in ihrer Geschlossenheit beisammen bleibt.“* (Leserbrief in der Steyrer Zeitung, Dezember 1973).

Die Krippe bestand aus 778 Figuren, davon waren 300 bekleidete Figuren, unter ihnen 70 Hirten, Orientalen, Neger, eine Schar Frauen und über 40 Engel, dazu noch eine ganze Herde von 360 Schafen und Ziegen, 40 Kamele und Dromedare, 20 Esel und sechs Pferde. Sämtliche Figuren sind aus Lindenholz geschnitzt, sie sind ca. 30 cm groß und haben bewegliche Glieder. Die Aufstellung der gesamten Krippe hätte eine Fläche von 60 Quadratmetern beansprucht. Manche Teile des Krippenbergs waren allerdings verlorengegangen; Krippenfreunde in Innsbruck hatten einzelne Teile zu eigenen Krippen ausgebaut.

Im Jahre 1987 begann nun Josef Seidl aus Christkindl, der in der Krippenbauschule in Innsbruck den Bau orientalischer Krippen erlernt hatte, mit der Planung und Gestaltung der Großkrippe in der neuen Schloßgalerie im Schloß Lamberg: Im Advent sollte sie dort in einer Krippenausstellung präsentiert werden. Als

Helfer standen Seidl drei Krippenbauer aus Nassereith zur Seite, der Schnitzer Hans Czizek, der Tischler Josef Thurner und Hans Grill. Den großflächigen Hintergrund (er umschließt drei Seiten der Krippe und ist 3 x 12 x 3 m lang) bemalte Karl Mayrhofer aus Haid. Da viele Figuren durch die lange Lagerung stark gelitten hatten, wurden etwa 400 Figuren von den Frauen der Goldhaubengruppe Garsten unter Anleitung von Konsulent Therese Gintersdorfer gereinigt, restauriert und – vor allem die Engel – neu gekleidet.

Nun besitzt die Christkindlstadt Steyr – als Leihgabe von Christkindl, bis dort ein neuer Aufstellungsort gebaut werden kann – eine ganz besondere Sehenswürdigkeit:

Auf 36 Quadratmetern ist eine Krippenlandschaft mit orientalischer Lebendigkeit aufgebaut. Der Krippenberg gliedert sich in vier Teile. Der erste Teil zeigt das Hirtenfeld mit der Verkündigung. Die zweite Gruppe bildet die Darstellung der Geburt Jesu in einer Felsengrotte in Bethlehem, umgeben von einer großen Schar von Gloriaengeln in weißen Gewändern. Der dritte Teil zeigt Volksszenen mit den Frauen am Brunnen und einen Beduinenmarkt. Im letzten Teil erscheinen die Heiligen Drei Könige mit ihrem Gefolge und den vielen, vielen Tieren, die bei weitem nicht alle aufgestellt werden konnten. Meister Pöttmesser hat offenbar nicht mehr mitgezählt, als er Figur um Figur schnitzte und vielleicht schon an eine dritte Krippe dachte ...
Und noch eine Seltsamkeit: Die Gesichter aller Figuren zeigen durchwegs menschlich-realistische und charakteristische Züge, nur die Engelsgesichter wollten dem Meister nicht recht gelingen. Sollte er sie männlich oder weiblich zeichnen? Diese Auseinandersetzung lag offenbar dem 80jährigen Tiroler Krippenschnitzer nicht mehr.

Es gibt schließlich noch eine Kuriosität. Als wir bei der Krippenausstellung 1985 beim Garstner Adventmarkt einzelne „Szenen der Krippe" in Vitrinen aufbauten und dazu verständlicherweise mehrere Figuren der Maria brauchten, bauschten wir das Kleid einer Frauenfigur, die für die Herbergsuche zur Maria wurde, deutlich aus. Seitdem gibt es auch eine schwangere Frau unter den weiblichen Krippenfiguren der großen Pöttmesserkrippe, die nach der OÖ Landesausstellung in Garsten (1998) nach Christkindl zurückgekehrt ist. Sie wurde auf eine Fläche von 58 m² ausgebaut.

Geburtsgrotte, Gloria-Engel, Anbetung der Hirten.
Detail aus der Großkrippe von Ferdinand Pöttmesser (1895 – 1977)

Die Heiligen Drei Könige mit ihrem Gefolge.
Figurengruppe aus der Pöttmesser-Krippe. (Steyrer Museum)

Die Gestaltung der Kastenkrippe

Die Kastenkrippe ist die typische Form der Weihnachtskrippe in unserer Gegend. Wir kennen sie als Garstner Nagelschmiedkrippe (in ihren Krippenkästen sind deutlich die handgeschlagenen Nägel zu erkennen), sie wird wegen ihrer weiteren Verbreitung im Ennstal auch „Ennstaler Kastenkrippe“ genannt. Charakteristisch sind die häufig verwendeten halbreliefförmigen Loahmmandelfiguren aus den alten Steyrer Modeln.

Kastenkrippen hängen als Eckkrippen (hinten spitz zulaufend) im Herrgottswinkel, sie standen als Wandkastenkrippen mit breiterer Rückwand früher in einer Wand- oder Fensternische und werden heute frei aufgestellt.

Typisch ist der Aufbau einer Kastenkrippe. Von seitlichen Felsbänken führen steile Wege mit Geländern aus Draht oder Holzstäbchen zum Stall im Mittelpunkt der Krippe herab. Der Stall selbst ist meist ein Ruinenstall, oft mit Säulchen vor dem Torbogen und mit einem kleinen strohgedeckten Vordach oder mit einem hölzenen Vorbau mit Strohdach. Über dem Stall liegt das Hirtenfeld mit dem Verkündigungsengel, die „Hald“ („Hoad“) für die Tiere mit ländlichen Häusern, Pferch für die Schafe, Holzstoß, Brunnen und weiteren Lieblingsstücken des Krippenbauers.

Eckkrippen schließen gerne mit einer geschlossenen Stadt, dem „himmlischen Jerusalem“ als Oberstadt mit Mauer, Stadttor und Torwächtern ab, in weiter angelegten Krippen ist es die freier gestaltete Stadt „Bethlehem“. In einer alten Kastenkrippe findet sich sogar als Wegweiser die Ortstafel *„Betlehem“*. Die Fenster der Häuser und Tempelbauten sind mit Spiegelglas hinterlegt. Stadt und Hald gehen in den meist einfach bemalten Hintergrund über.

Auf den seitlichen Felsbänken stehen Schloß und Ruine, etwas tiefer die ländlichen Häuser mit Giebeldach, Gaupen und feingeschnitzten Balkonen, Jagdhaus, Bauernhaus und Scheune, aber auch Stadthäuser. Sie sind wohl der heimischen Bauweise nachempfunden, stellen aber keine wirklichkeitsgetreue Nachbildung dar (obwohl auch das erlaubt ist und in neuen Krippen vielfach versucht wird). Manche Krippenhäuser sind, oftmals nur schwer zu entdecken, mit Zahlen und Initialen versehen. Der Krippenbauer hat sich in seiner Krippe verewigt.

Immer wieder werden die einzelnen Szenen mit geschnittenen, geflochtenen oder gestanzten Zäunen abgegrenzt.

In sehr vielen Krippen finden wir den Einsiedler in oder vor seiner Klause mit Kreuz und Betschemel, es gibt den Apfelbaum mit Leiter und Apfelbrocker, Brücken, Brunnen in verschiedener Form (vor den Schlössern als Springbrunnen aus gedrehten Leimstäbchen), manchmal einen Wasserfall, eine Mühle mit Fluder oder – als Besonderheit – einen kleinen Ententeich.

Eine Spezialität der großen alten Garstner Nagelschmiedkrippen ist die Beleuchtung des Krippenstalls durch ein Öllicht, das auf einem Schuber seitlich in den Aufbau der Krippe hineingeführt wird. Das milde Licht fällt auf ein Transparent im Hintergrund des Stalls.

Interessant ist auch die Gestaltung der Felslandschaft der Krippen mit kaschiertem Tuch (der Stoff wird in ein Leim-Gips-Gemisch getaucht und über einen Holzaufbau gezogen), mit Wurzel- oder Rindenstückchen, Moderholz, tuffartigen Gesteinen oder, in moderner Bauweise, unter Verwendung von Papiermaché. Die Oberfläche wurde mit Flimmer und hauchdünnen gestoßenen farbigen oder klaren Glasplättchen bestreut. Dazu kommt die Ausstattung mit Moosen,

Flechten und – bei sehr alten Krippen – mit kleinen Muscheln und Schnecken. Der Krippenboden wurde vielfach mit grüner Wolle oder mit Moos abgedeckt, die Wege können mit Quarzsand (auf Kleisterunterlage) bestreut werden.

Der Hintergrund der Krippe kann als Prospekt, je nach der Kunstfertigkeit des Krippenbauers, einfach oder anspruchsvoll gemalt sein, der Himmel in kastenblauer Farbe zeigt vielfach einen Strahlenkranz, aus dem der Gloriaengel herabhängt.

Die Krippe ist ausgestattet mit Tannen- und Laubbäumen, aber auch – in der Umgebung des Ruinenstalls oder der orientalischen Stadt – mit kleineren und größeren Palmen. So vermischt sich in der Krippenlandschaft die biblisch-orientalische Welt mit dem gewohnten heimatlichen Lebensraum. *„Gerade diese Zeit- und Raumwidrigkeit, besser gesagt, dieses selbstverständliche Hinwegsetzen über Raum und Zeit gehört mit zu den reizvollsten Eigenarten der Volkskunst.“*[27]

Zwei Gedanken sollen dieses Kapitel abrunden.

Die Krippe hat zu Weihnachten ihren Ehrenplatz in der Familie. Und es ist richtig, wenn – wie beim Aufputzen des Christbaums – die Kinder, ja die ganze Familie dabei ist, wenn zum Heiligen Abend die Krippe aufgestellt wird. Wir wissen aber auch, daß früher das Aufstellen der Krippe wie eine Art Zeremonie nur dem Vater vorbehalten war. Nur er durfte die Krippe über die steile Stiege vom Dachboden heruntertragen, sie in den Herrgottswinkel stellen und die Kerzen entzünden. Und wenn nicht ohnedies das Glas der Kastenkrippe das heilige Geschehen vor äußerem Zugriff geschützt hätte, es wäre keine Kinderhand in Versuchung gekommen, mit den Krippenmanderln zu spielen.

In der alten Haslingerfamilie in Lahrndorf durfte nicht einmal die Mutter das Glas im Rahmen der alten Nagelschmiedkrippe reinigen. Darauf war der Vater besonders heikel, und er machte es selbst. Vielleicht schwingt dabei ein Stück Vorsicht mit. Wäre das schöne, alte, dünne Glas zerbrochen, hätte der Vater zu Fuß den langen Weg nach Steyr gehen und dabei nicht nur auf das neue, zerbrechliche Glas, sondern auch auf auf die eisige Straße achten müssen.

Und ein letzter Gedanke. Der Krippenbauer liebt seine Krippe. Sie entsteht nicht an einem Tag, sondern reift und wächst über einen langen Zeitraum. Krippenbauer ist man das ganze Jahr. Der Krippenbauer geht auch im Sommer nicht achtlos an Moosen und Flechten, Wurzeln und Baumschwämmen vorüber. So hat mir ein guter Freund sein Leid geklagt. Der Birnbaum vor seinem Haus trägt schöne, kleine Baumschwämme. Er läßt sie wachsen, weil sie ihm gefallen und er mit ihnen seine eigenen Pläne hat. Doch jedes Jahr im Advent erlebt er die gleiche Enttäuschung: Die Baumschwämme sind weg. Ich glaube seinen Verdacht zu kennen und habe ihm den guten Rat gegeben: Du mußt halt selber unter die Krippenbauer gehen!

Frühe Garstner Kastenkrippe, um 1820, 80 x 50 x 35 cm,
Nagelschmiedkrippe. (Privatbesitz Garsten)

Zierliche Kastenkrippe, 1893, 40 x 30 x 12 cm, vermutlich in Garsten gebaut. (Privatbesitz Steyr)

Die Personen der Krippe

O sehet, die Hirten eilen von den Herden
und suchen das Kind nach des Engels Wort.
Geh'n wir mit ihnen, Friede soll uns werden.
Kommt, lasset uns anbeten den König, den Herrn.
(Kirchenlied, um 1790)

Die Geburt Christi ist in unsere heimatliche Landschaft hineingestellt. Die orientalischen Elemente wie Ruinenstall, Palmen und die Stadt als „Himmlisches Jerusalem" stören dabei keineswegs. Auch die Figuren der Krippe erscheinen als Menschen unserer Gegend in gewohnter Kleidung, als Vertreter ihrer Lebensweise, vielfach sogar mit ihren eigenen Namen. Manche Figuren scheinen den Landschaftskrippen des Salzkammerguts entlehnt zu sein wie der Urberl mit der Leinwand, der Naz mit der Henn oder der Jirgl mit den Weintrauben. (Die Figurengruppe des „Vada, laß mi a mitgehn" oder der „Muada, laß mi a mitgehn" ist bei uns selten gebräuchlich). Anderen Krippenfiguren haben Besitzer einer alten Familienkrippe, durch Generationen überliefert, einen eigenen Namen gegeben: So nennt der Kefer-Bauer aus Pesendorf den Jubelkarl einfach Rüapelpeter und die Apfelmagd das Kasmandl.

Manche Figuren haben symbolischen Charakter. Dazu gehören die „Weintraubenträger" oder „Kundschafter" in den Salzkammergutkrippen (nach dem biblischen Bericht des Alten Testaments schnitten sie eine Rebe mit einer Weintraube ab und trugen sie zu zweien auf einer Stange, dazu auch einige Granatäpfel und Feigen, als Früchte des gelobten Landes zu ihrem Volk; in unseren Krippen gehören die Weintrauben zu den Gaben der Hirten) und in der Kastenkrippe der Einsiedler, aber auch der Rauchfangkehrer als Brückengeher oder überhaupt die verschiedenen Typen der Hirten und Gabenbringer.

Auf dem Hirtenfeld verkündet der Verkündigungsengel den Hirten die frohe Botschaft. Wir sehen den schlafenden, den erwachenden, den schauenden, staunenden Hirten. Sie eilen zur Krippe, um das Jesuskind anzubeten: Der greise Hirt in grünem Gewand kniet neben seinem Korb anbetend nieder, er hat Hirtenstab und Hut bei sich; der erwachsene „schöne" Hirt steht in seinem braunen Gewand zögernd vor dem Stall, er hält ein kleines Lamm im Arm; der junge knabenhafte Hirtenbub im roten Wams ist barfuß. Gabenbringende Hirten erscheinen als Lamperltrager mit dem Lamm auf der Schulter oder im Arm. Der Bethlehemstern, dessen Strahlen nach unten zeigen, hat sie zur Krippe geführt. Über dem Stall mit Maria, Josef, dem Jesuskind und den heiligen Tieren Ochs und Esel schwebt oft statt des Bethlehemsterns der Gloriaengel: „Gloria in excelsis Deo".

Vielfältig ist die Zahl der Gabenbringer: der Kraxentrager, die Apfelmagd mit dem Korb mit leuchtenden Äpfeln auf dem Kopf, der Urberl (Url, Urban) mit der Leinwand und der Laterne in der Hand (es war ursprünglich ein Vogelkäfig!), der Eiertrager bringt im Korb Nahrung für das Jesuskind, der Mann mit dem Striezel (dem Schmalzgebäck zum Festtag), der Mehlsackträger in der Gestalt des Müllers, der Naz mit der Henn (im Korb, im Gitterkäfig oder unter dem Arm), der Rüppl mit dem Krug, der Jirgl mit den Weintrauben am Stock über der Schulter, der Gottscheeberer mit der Mütze, der als Händler durch das Land zog und seine Waren im Buckelkorb oder in einem Korb am Riemen vor der Brust trug.[28] Vor dem Krippenstall steht die Hebamme mit dem Wasserkrug.

Andere typische Figuren treten auf: Der Apfelbrocker mit aufgekrempelten Hemdärmeln und dem Korb in der Hand, die Musikanten und Schalmeienbläser, der Rauchfangkehrer, die Brunnenfrau, der Radlbockfahrer, Stelzenmann und Stelzenfrau als Invalide, der Jäger und der Wilderer. Vor dem geschlossenen oder offenen Stadttor stehen zwei Soldaten, in Krippen vor 1800 als römische Soldaten, später als österreichische Grenadiere mit Bärenfellmütze oder Dreispitz und in weißer Uniform mit Bandelier und aufgepflanztem Gewehr. Auch der Nachtwächter in blauem Gewand und mit der Laterne tritt auf. Herzerfrischend sind die beiden Figuren des Jubel-Karls, der voller Freude die Hände emporwirft, und des „Juchheissa", der den Hut schwenkt und dazu noch den Mund öffnet, um zu jauchzen. Und in eine alte Garstner oder Steyrer Krippe gehört auch der Eremit, der Einsiedler in seiner Klause.

Im Wechsel des Weihnachtsfestkreises treten nach Weihnachten die Heiligen Drei Könige mit ihrem Gefolge auf, mit Pferden, Kamelen und Elefanten. Sie folgen dem Dreikönigsstern, dem liegenden Stern mit Kometenschweif. Manche Krippen stellen auch die Flucht nach Ägypten dar: Der Engel führt Josef, der sein Zimmermannswerkzeug auf der Schulter trägt, und Maria, die auf dem Esel sitzt und das Jesuskind auf ihrem Schoß hält.

Auch die Tiere der Krippe sind interessant. Neben den Schafen, dem Widder, den Kühen finden sich in großen Krippen der Hase, die Ziege, der Hirsch, die Gemse, das Eichkätzchen und – als Kuriosität – das Raurakel, ein Hase mit Geweih. Auch Enten und Gänse können vorkommen. Ein wesentliches Element in der Krippe sind die Vogerl, bringen sie doch in der kalten Winterszeit mit ihrem Gesang Freude in die Stuben der Menschen. (Dem entspricht auch der Brauch der Vogelfänger, die im Herbst die Vögel mit dem „Schlagl", der Vogelfängerkiste, einfangen und sie im Frühjahr wieder aus ihren Käfigen „vogelfrei" in die Natur entlassen).

Die Figuren in der Kastenkrippe sind manchmal handgeschnitzt, ganz selten finden sich noch kleine wachsbossierte Figuren. Viel häufiger sind die halbreliefförmigen Loahmmandel in verschiedenen Größen. Es finden sich auch böhmische Krippenfiguren aus Grulich im Adlergebirge, die serienmäßig geschnitzt und verkauft wurden. Vielfach wurden die Figuren auch vermischt: Jede Generation hat neue Figuren in die Krippe hineingestellt. Und es könnte durchaus ein schöner Brauch sein, daß Besucher beim Kripperlschauen wie bei der „Kripperlroas" eine neue Figur als Kripperlgabe mitbringen und in die Krippe stellen.

Das Jesuskind ist häufig aus Wachs und vielfach auch überdimensional groß. Es liegt in einer kleinen strohbedeckten Krippe. Auch der Gloriaengel war vielfach aus Wachs und damit auch sehr zerbrechlich.

Die Loahmmandelfiguren

Rund 200 Jahre sind die Original Steyrer Model alt, in denen die Loahmmandelfiguren für die frühen Kastenkrippen aus der Zeit um 1800 geformt wurden. Die Halbrelieffiguren wurden bis Ende des 19. Jahrhunderts verwendet, dann scheinen sie unmodern geworden zu sein. Die „Model zu Krippenfiguren" werden schon 1901 unter den lokalhistorisch sammlungswürdigen Beständen des 1895 gegründeten städtischen Museums in Steyr angeführt.[29] In den Geschäften, so etwa beim Weichselbaumer am Pfarrberg in Steyr, wurden später die serienmäßig geschnitzten Grulicher Figuren oder die vollplastisch gegossenen Krippenfiguren als Industrieerzeugnisse zum Kauf angeboten. Beliebt waren auch die Krippenbogen zum Ausschneiden der Papierkrippenfiguren. Es gab auch die einfache Form der ausklappbaren Faltkrippen.

Nach der Wiederentdeckung der alten Modeln werden heute die Loahmmandelfiguren vielfach nachgegossen. Da es sich aber um Sekundärabgüsse aus kopierten Modeln handelt, kann die Beschreibung der alten Original-Krippenfiguren die Lücke der Tradition schließen und dem Krippenfreund, der heute seine Krippenfiguren selber bemalt, von Nutzen sein.

Es ist auffallend, daß die sehr frühen Loahmmandel aus der Zeit um 1800 noch deutliche Konturen zeigen und Details wie die Finger der Hände, Gesicht, Faltenwurf der Kleidung und Struktur der Attribute klar erkennen lassen. Später verflachten die Figuren, vermutlich weil sie nicht mehr aus den Originalmodeln

Originalmodel für die Steyrer Loahmmandelfiguren. (Museum Steyr)

abgenommen wurden. Sie erscheinen runder, in den Konturen verschwommen, die Details sind undeutlich und schwer erkennbar. Das war aber nicht schlimm, solange die Bemalung der Figuren, die im großen und ganzen traditionsgebunden war, von Hand zu Hand überliefert wurde. Durch die Bemalung wurden auch unklare Details wieder sichtbar.

Wir müssen davon ausgehen, daß vor der Erfindung der chemischen Anilinfarben um die Mitte des 19. Jahrhunderts nur Erdfarben, die aus Naturprodukten gewonnen wurden, zur Verfügung standen, deren Intensität weit schwächer war als die von modernen leuchtenden Farben. Grelle Farben waren verpönt und galten als vulgär. So zeichnet auch eine ausgewogene Farbharmonie die alten Krippen aus, bei der keine Farbe der anderen weh tut. Später, gegen Ende des 19. Jahrhunderts, wurden die Farben kräftiger, leuchtender. Hatte man sie früher mit Leimwasser oder Firnis fixiert, was einen matten Glanz bewirkte, verwendete man nun einen Lack zur Fixierung der Farbe. Dadurch erhielten die Figuren einen oft zu starken Glanz.

Interessant ist eine Anleitung für Krippenbauer aus dem Jahr 1945: *„Man hüte sich vor allem, für Landschaft,*

Der Juchheissa schwenkt jauchzend den Hut. In der linken Hand hält er seine Hirtenflöte.

Loahmmandelfiguren aus den alten Steyrer Modeln:
Lamperltrager, Apfelfrau, Brunnenfrau, Musikanten, Gabenbringer. Maria und Josef mit Jesuskind, zwei kniende Hirten.
Der rechte Hirt bringt ein Lamm und Weintrauben als Gaben.

Rechts: Alte Loahmmandelfiguren. Kraxentrager, Lampltrager, Hirt, Jubelkarl, Apfelfrau, Jäger

für Stall und Figuren kitschige Farben zu wählen. Auch meide man Ölfarbe, weil sie durch ihren Glanz speckig wirkt. Am besten verwendet man Braun'sche Holzbeizen, Plaka- und Leimfarben. Bei der grünen Farbe muß man darauf achten, daß man kein giftiges Grün nimmt, sondern durch Mischung mit anderm Grün oder Gelb ein richtiges Wiesen-, resp. Baumgrün erhält. Zuerst eine Probe machen! Dunkle Partien in Felsspalten behandelt man am besten mit dunklerer Farbe. Bei Landschaften darf der Vordergrund in den Farben stärker, der Hintergrund weicher und duftiger sein. Die Wege bemalt man am besten mit gelbem Ocker. Man kann mit Kreideweiß, das dem Ocker beigemengt wird, einzelne Partien aufhellen, andere mit Braun oder Grau verdunkeln."[30]

Dem Mischen der Farben kommt bei der Bemalung der Figuren große Bedeutung zu. Die Farben sollen leuchten, aber nicht schreien, sie sollen nicht bunt, sondern naturgetreu sein. (Beispiel: Grelle Orangetöne tun geradezu weh, weil sie nicht natürlich wirken.) Die Verwendung von Patina läßt Farbtöne gedämpft erscheinen, ohne ihnen die Leuchtkraft zu nehmen: Vertiefungen bleiben dunkler, die Krippenfigur bekommt ein älteres Aussehen.

Die handelsüblichen Wasser- und Deckfarben bieten viele Möglichkeiten, Farbtöne zu mischen. Dabei gelten für das Bemalen von Loahmmandelfiguren ähnliche Grundsätze wie für die Hinterglasmalerei. Grundfarben sollen nur selten rein zur Anwendung kommen, Schattierungen schaffen Nuancen und heben die Leuchtkraft der Farben. Neben Farbmischungen, die nach eigenem Gutdünken hergestellt werden können, gibt es erprobte Standardmischungen. Als Beispiel soll die Farbmischung für das Inkarnat angeführt werden.[31]

Farbtöne für Gesicht und Hände (Inkarnat):

Weiß,
dazu Ocker hell,
dazu eine Spur Zinnoberrot.

Oder: Weiß,
dazu Ocker hell,
dazu eine Spur Schwarz,
dazu eine Spur Zinnoberrot hell.

Oder: Umbra gebrannt oder Sepia,
dazu Weiß.

Auch das Weiß der Schafe in der Krippe sollte abgetönt werden. Dazu kommen ein zarter roter Strich für Mund und Ohren und schwarze Augen.

Einige Loahmmandelfiguren in alten Krippen zeigen sehr häufig die gleiche Farbgebung:

Maria: Rotes Kleid, blauer Mantel, goldener (goldgelber) Heiligenschein.
Josef: Blaues Gewand, roter Umhang, goldener (goldgelber) Heiligenschein.
Jesuskind: Weiß (Inkarnat), goldener (goldgelber) Heiligenschein.
Apfelbrocker: Naturfarbenes Hemd, schwarze Hose und rotes Wams.
Apfelfrau: Grünes Kleid, weiße Schürze, rot passepoilierte Jacke.
Brunnenfrau am Ziehbrunnen: Blaues Westerl, roter Rock, weiße Schürze. Der Ziehbrunnen zeigt eine charakteristische grüne Bänderung der weißen Brunnenverkleidung, darunter ockerfarbene und dunkelbraune kegelförmige Holzabdeckung über grauem oder grünem Steinaufbau.
Jubelkarl: Naturfarbenes Hemd, schwarze Hose, rote schwarzpassepoilierte Jacke.
Nachtwächter: Blauschwarzes Gewand, schwarze Stiefel, gelb leuchtende Laterne.
Verkündigungsengel: Verschiedene Farbgebung möglich. Zu beachten ist sein linkes Bein, das keß aus dem Kleid hervorschaut.

Die Loahmmandelfiguren kommen in verschiedenen Größen vor: Die großen sind ca. 7 cm, die mittleren 4–5 cm und die kleinen 3–4 cm groß. Bei einigen Figuren (Maria und Josef, Ochs und Esel, Kraxentrager,

Jäger, einzelne Hirten) gibt es bis zu sieben unterschiedliche Größen von ganz klein bis ganz groß.

Maria und Josef gehören zu den großen Figuren der Krippe. Sie sind häufig größer als die Figuren des Umfeldes, auch Ochs und Esel sind oft kleiner. Das Wichtige hebt sich vom weniger Wichtigen ab. Wenn es auch keine bindende Übereinkunft über die Aufstellung der Figuren gibt, kann doch gesagt werden, daß die größeren Figuren vorne und die kleineren oben, hinten stehen sollten. Das gilt auch für die vielen Schafe in den verschiedenen Stellungen. Auf jeden Fall stehen die Loahmmandelfiguren, auch wenn sie von rechts oder von links kommen, gerade, das heißt parallel zum Betrachter. Diese Art der Aufstellung ist in alten Krippen im Laufe der Zeit allerdings oftmals geändert worden, da Figuren umgefallen, zerbrochen, verlorengegangen sind oder neu aufgestellt, ausgetauscht oder ergänzt wurden. Manche Figuren kommen in einer Krippe mehrfach und oft in verschiedenen Größen vor. Das tut der volkstümlichen Krippe keinen Abbruch. Viele Generationen von Krippenbesitzern haben ihre Spuren hinterlassen.

Zu erwähnen ist noch, daß es auch eine große Anzahl von Häusern, Häusergruppen und Stadtelementen mit Türmen, Toren und Fassaden als Loahmmandelfiguren gibt. Sie lassen nicht zuletzt durch die bunte Dachlandschaft (rote Ziegeldächer über den weißen oder leicht farbigen Häuserfassaden) ein eindrucksvolles Bild der Stadt entstehen.

Der Krippenbauer kann auch heute aus der Vielzahl der Loahmmandel die Figuren seiner Krippe auswählen. Damit werden sie für ihn einmalig, auch wenn sie aus Modeln geformt worden sind. Wenn er sie selber bemalt, schafft er damit eine persönliche Beziehung, genauso wie er seine eigene Krippe baut.

Wandkrippe von Vev Aigner, 1991, 36 x 29 x 7 cm

Ein Kind ist uns geboren.
Detail aus der Buchsbaumkrippe von Marian Rittinger, um 1705

Rechte Seite: Detail aus einem Fleckerlbild, um 1750, Steyr

Die Symbolik in der Weihnachtskrippe

Die Krippe ist mehr als eine volkstümliche Darstellung des Weihnachtsgeschehens. *„Sie ist zugleich Mysterium und Wirklichkeit, ein himmlisch-irdisches Gleichnis; ein Bilderbuch, das wir neu schauen lernen müssen. Allzu lang blieb die Fülle und Fruchtbarkeit christlicher und vorchristlicher Überlieferungen in der Krippe weithin unerkannt und unbekannt... Gleich einem Baume wurzelt die Krippe mit ihren Symbolen, äußeren Gestalten und Elementen im Urgrund der alten Mythen der Antike; die gewaltige Krone dieses Baums aber wächst aus dem Stamme der christlichen Offenbarung.“*[32] Darauf verweist Otfried Kastner in seinem grundlegenden Buch „Die Krippe“[32] und eröffnet damit tieferliegende Schichten hinter dem gewohnten Bild der volkstümlichen Weihnachtskrippe.

Einige symbolhafte Elemente wurden in der Darstellung der Gestaltung und der Personen der Krippe schon angedeutet. Wir wollen diesen Blick vertiefen.

Die Personen der Krippe entsprechen in Kleidung und Tätigkeit, wenn auch historisch verfremdet, unserem gewohnten Lebensraum, und der Betrachter der Krippe könnte sagen: Die Personen der Krippe – das sind wir selbst. Nur Maria und Josef scheinen ausgenommen zu sein. Sie tragen römisch-orientalische Kleidung in festgelegten Farben: Maria trägt ein rotes Gewand (Rot als Symbolfarbe für Liebe, Göttlichkeit), einen blauen Mantel (Treue; *„Blau ist auch die Farbe Jesu von der Hochzeit zu Kana bis zum Palmsonntag als Offenbarer der Wahrheit Gottes, der das Leben bringt“)*[33] und darunter einen weißen Schleier (Weiß für Reinheit, Klarheit, Licht). In der Bereitschaft Marias erfüllt sich der Heilsplan Gottes. Josef trägt ein blaues oder, als holzgeschnitzte Figur, ein gelb-braunes Gewand (Gelb als Farbe der Weisheit, des Glaubens) und einen roten Überwurf. Maria wird meist kniend, bei der Anbetung der Heiligen Drei Könige sitzend mit dem Jesuskind auf dem Schoß, dargestellt, Josef stehend und mit einem Hirtenstab. Josef war aber Zimmermann! Erinnert sei an folgende Szenen: Moses schlägt mit einem Stab Wasser aus dem Felsen und rettet die Israeliten, das Volk Gottes, vor dem Verderben; vom Hirtenstab, den Jesus als guter Hirt hält, leitet sich der Bischofsstab ab; bei Tannhäuser symbolisiert der blühende Stab seine Erlösung.

Noch etwas verdient Beachtung: In vielen Krippen mit geschnitzten Figuren trägt Josef eine Laterne. Hier zeigt sich Josef als Realist und zugleich als sinnbildlicher Hüter des ewigen Lichtes Jesu, das in die Welt gekommen ist. Nicht vergessen sollten wir aber, daß Josef auch sinnend, in den griechisch-ikonographischen Darstellungen sogar abgewandt dargestellt wird. Er ist der Realist, der das Wunderbare fühlt und doch darüber nachsinnt und sich sorgt; nicht Vater, sondern Schützer, Patron, und als solcher in das heilige Dreieck der Familie hereingenommen.

Die kleinste Figur in der Mitte der Krippe ist das Kind, in Heu oder auf Stroh gebettet oder auf weißem Linnen liegend. *„So lange das Kind in Weiß, Rot oder Gold erscheint, herrscht Weihnachten; erst wenn blaue Kleidung erscheint, ist der Gottessohn aus dem Kindesalter herausgetreten.“*[34] Auffallend ist, daß das Kind seltener – gegenüber den anderen Figuren – aus Holz geschnitzt oder als Loahmmandelfigur gestaltet ist, sondern häufig als Wachskindl vorkommt. Das Kind in der Krippe ist etwas Besonderes, das Wachs war ein edles, teures Material.

Ochs und Esel gehören seit den frühen Geburtsdarstellungen im 3./4. Jahrhundert zur Heiligen Familie. Schon der Prophet Jesaia sagte 700 Jahre vor der Geburt Christi: *„Ein Ochse kennt seinen Herrn und ein Esel die Krippe seines Herrn. Aber Israel kennt es nicht, und mein Volk versteht es nicht“* (Jes 1,3). Ochs und Esel sind keine idyllischen Krippentiere, sie gelten als Sinnbilder für das Judentum (Ochse) und das Heidentum (Esel). Trotzdem: Schon in alten Darstellungen wärmen sie mit ihrem Atem das kleine, hilflose Jesuskind, und volkstümliche Legenden ranken sich um die beiden Krippentiere.

Die Hirten in der Krippe entsprechen dem biblischen Bericht. Der Engel verkündet ihnen auf dem Hirtenfeld die frohe Botschaft von der Geburt des Messias. Sie glauben an die Botschaft, gehen hin und finden das Kind, das in Windeln gewickelt ist und in einer Krippe liegt. Nach der „Anbetung der Hirten", bei der sie dem Jesuskind ihre Gaben darbringen, kehren sie zu ihrer Herde zurück und verkünden den Menschen, was sie gesehen haben. Sie sind die Zeugen der Frohbotschaft, so wie die anderen Gabenbringer, die in der volkstümlichen Darstellung deutliche Züge der verschiedenen Berufsgruppen tragen. Sie werden die frohe Botschaft weitertragen: In der Ohnmacht des neugeborenen Kindes offenbart sich die Herrlichkeit Gottes.

Die Hirten waren zur Zeit der Geburt Jesu ein gering geachteter Stand, sie gehörten zu den Außenseitern der Gesellschaft. Ihnen ist der Engel erschienen, nicht den Großen der Welt, die ihren Platz außerhalb der Krippe haben: Herodes, der den Kindermord befehlen wird, Pilatus, der vor der feindseligen Menge seine Hände in Unschuld wäscht, aber auch Kaiser Augustus, der mit der Geburtsgeschichte Jesu nur als „historischer Auslöser" verbunden ist. Das Kind in der Krippe, aus dem „der holde Knabe im lockigen Haar" wird (Lied: Stille Nacht), ergreift Partei für die Namenlosen. Ihnen hat der Engel zuerst die Botschaft des Heils gebracht und auch einigen sternsuchenden, nach dem Licht des Lebens suchenden Weisen, die aus östlicher Ferne gekommen waren.

Die christliche Kunst hat die Magier, die Sterndeuter aus dem Morgenland, als Könige dargestellt, die vor dem Jesuskind knien, unbedeckten Hauptes und mit der Krone in ihren Händen. Sie huldigen dem neugeborenen König der Juden, dessen Stern sie aufgehen sahen und dem sie gefolgt sind, und bringen ihm ihre Gaben dar. Gold steht für Macht des Königs, Weihrauch und Myrrhe verströmen Wohlgeruch und geben dem König Ehre. Myrrhentinktur galt in der Antike auch als wichtigstes Heilmittel. Die Gabe der Myrrhe deutet auf Jesus als den Heiland hin.

Viel Symbolisches findet sich auch bei den Gabenbringern in der Krippe. Unter den Gaben der Hirten findet sich die Weintraube. Wein, Weintraube, Weinstock sind in der Bibel messianische Symbole. Apfelmagd und Apfelbaum sind für uns zwar vertraute Begriffe, doch der Apfel ist eine volkstümliche Umdeutung des Granatapfels, der schon in den alten Kulten der Ägypter eine Rolle spielte und bei Griechen und Juden als Symbol der Fruchtbarkeit galt. Auch die Eier im Korb, der Striezel als Festtagsgebäck, der Krug mit Wein oder Wasser sind smbolisch zu sehen. Der Müller mit dem Mehlsack, der Kraxentrager, die Brunnenfrau, der Jäger und der Wildschütz sind handfeste Vertreter des Volks. Der Stelzenmann, aber auch der Rauchfangkehrer haben tiefere Bedeutung. Der Rauchfangkehrer, der über die Brücke geht, ist ein Symbol des Übergangs und des Glücks. Daß beim Steyrer Kripperl der Rauchfangkehrer mit seinem Hund Kartuscherl seine Schwierigkeiten bekommt, ist kein Widerspruch, sondern Ausdruck liebenswerter Volkstümlichkeit.

Auch der Einsiedlermönch oder Eremit ist symbolisch zu sehen: in dunkler Grotte gleichsam rastend und sich für das Leben Kraft holend, bei der Krippe meditierend; er erinnert zugleich an den hl. Hieronymus, der in der Geburtsgrotte von Bethlehem die Heilige Schrift ins Lateinische übersetzte. In einem Festkalender aus Böhmen aus dem Jahr 1861 findet sich eine einfachere, handfeste Erklärung: Der Einsiedler tritt aus seiner Klause hervor und bittet, indem er seinen Bettelstab hinhält, *„um eine kleine Diskretion"*.

Symbolisch-Tiefgreifendes verbindet sich mit volkstümlichem, schalkhaftem Realitätsbezug, wenn der Einsiedler um eine milde Gabe bittet: *„Der Einsiedler in der Klausen tat bitten um a Jausen."*

Auch bei den Tieren in der Krippe wird Symbolhaftes von handfestem Wirklichkeitssinn überlagert: Auch die Schafe als Krippentiere dürfen streiten, etwa als „gumpende Böcke", die mit ihren Hörnern aufeinander losgehen. Und reizvoll ist es zu sehen, wie ernst der Krippenbauer das Aufstellen der Krippenfiguren nimmt. Gerade beim Hirtenfeld muß er darauf achten, daß er „aufschauende" Schaferl nimmt und nicht unaufmerksam grasende, obwohl in der Krippe alles möglich wäre.

Viel Symbolkraft steckt in den Vogerln in der Krippe. Sie finden sich als Zeichen des Lebens, der Freude auf den Zweigen des „Ebaums", der den Rahmen des Krippenbergs einer Landschaftskrippe des Salzkammerguts umgibt.

Noch eine Gruppe von Symbolen bietet sich dem Betrachter dar: Symbolisches in Zusammenhang mit dem Aufbau und den Elementen der Krippe.

Das zentrale Element der Weihnachtskrippe ist der Stall, der als Geburtsgrotte, Felsenstall oder Ruinenstall dargestellt wird. Er ist biblisch nicht belegbar. Der Satz des Evangeliums nach Lukas *„Sie gebar Ihren erstgeborenen Sohn, wickelte Ihn in Windeln und legte Ihn in eine Krippe, weil in der Herberge kein Platz für sie war"* wurde in der Volkskunst weitergedeutet. Wohl war zur Zeit der Geburt Christi der Stall eine Höhle unter dem Haus und diente als Wohnstätte, aber auch als Versteck für Kostbarkeiten und Schätze. Dazu kommt die Vorstellung, im Berg seien geheimnisvolle Höhlen und Gänge voller Schätze. Schließlich wurde das Geheimnis der Höhle mit dem Geheimnis der Mutterschaft verbunden.

Nach der Überlieferung der Apokryphen wurde das Bild der Höhle mit der Geburt Christi und mit seiner Auferstehung aus der Grabeshöhle in Verbindung gesetzt. Zuerst muß etwas sterben, damit neues Leben zum Vorschein kommt. Hier verschwimmen die Vorstellungen von Geburts- und Grabeshöhle, ein urbildhaftes Zeichen des ewigen Kreislaufs, aber auch – theo-

Der Einsiedler vor seiner Klause.
Loahmmandel aus einer Garstner Nagelschmiedkrippe

Die Heilige Familie, Wachsfiguren im Glasstürzel.
(Irmgard Hörwertner, 1990, nach alten Mustern)

logisch gesehen – ein Hinweis auf die Erlösung durch Christus als Beginn eines neuen Lebens der gesamten Schöpfung.

Jede Krippe zeigt in ihrem Aufbau Felsen und Steine, und es wäre zu einfach zu sagen, das entspräche unserer heimatlichen Landschaft. In vielen Religionen spielen Steine eine große Rolle, auch im Christlichen: Petrus wird Fels genannt, Gläubige sind die „lebendigen Steine" der Kirche, deren Eckstein Christus ist. Als die Israeliten durch die Wüste zogen, wo sie zu verdursten drohten, schlug Moses Wasser aus dem Felsen; sie tranken aus einem geistigen Felsen, und dieser Fels war Christus (Paulus, 1 Kor 10,4). Felsen und Steine in der Krippe weisen darauf hin, daß es der Messias ist, der da im Stall liegt.[35]

Auch das Wasser in verschiedener Form, als Quelle, Brunnen, Bach, See, Teich, hat symbolischen Charakter. Zahlreiche Wasserläufe, Quellen oder Brunnen lagen in der Nähe alter Heiligtümer, es entstanden Heilquellen und Kultstätten. Wasser hat reinigende, heilende, segnende Kraft. Heiliges Quellwasser wird zum Sinnbild des „Wassers des Lebens". Es ist schön, wenn der einfache Krippenbauer immer wieder Brunnen und Wasser in seine Krippe hineingebaut hat, auch wenn er sich nicht über den tieferen Sinn des Urelementes Wasser im klaren ist.

In enger Verbindung mit Wasser, Bach und wilder Schlucht steht die Brücke. Sie ist Symbol des Übergangs von Altem zu Neuem.

Auch Bäume sind wesentliche Elemente einer Krippe. Palmen in der Krippenlandschaft symbolisieren den Sieg des Lichts, den Frieden; der Granatapfelbaum verweist als früchtereicher Baum der Erkenntnis auf das Paradies und den Sündenfall, wurde aber in den heimischen Krippen zum einfachen Apfelbaum. Nadelbäume in der Krippe bedeuten eine unreflektierte Hereinnahme des gewohnten Lebensraums. Nicht zu übersehen sind die vielen Versuche der Krippenbauer, selber Formen der Bäume in der eigenen Krippe zu gestalten. Eine Besonderheit ist der Heiderich aus dem Tiroler Hochgebirge.

Noch drei Elemente der Krippe müssen besprochen werden: Ruine, Stadt und Krippenzaun.

Ruinen, zerstörte Burgen, geborstene Säulen wie etwa vor dem Ruinenstall einiger Garstner Nagelschmiedkrippen haben nichts mit Krippenromantik zu tun. Sie symbolisieren den Niedergang der antiken heidnischen Welt und verweisen auf den Anbruch der neuen Zeit. *„Sie können auch zu Ochs und Esel als den huldigenden Verkörperungen der alten, von Mythen bestimmten Welt in Beziehungen gesetzt werden und dringen in Krippen mit einem Ruinenstall unmittelbar bis zum Gotteskind vor."*[36]

Die Stadt ist ein wesentliches Gestaltungselement einer Kastenkrippe. Sie schließt als Hochstadt die Krippe zum Hintergrund hin ab und erscheint kulissenhaft verschachtelt. Sie galt vorerst als biblische Stadt Bethlehem, und so wurden frühe Krippen einfach als „Bethlehem" bezeichnet. Auch die böhmischen Krippen heißen „Betlémy". Auch das große Krippendiorama in Einsiedeln in der Schweiz trägt die Bezeichnung „Bethlehem". Gerade die orientalischen Krippen in der 2. Hälfte des 19. Jahrhunderts suchten das Erscheinungsbild der Stadt Davids samt dem Hirtenfeld vor der Stadt historisierend nachzugestalten.

Vielfach nannte man die Stadt, die sich auf der Höhe über dem Stall ausbreitet, Jerusalem, das „himmlische" Jerusalem. Als Symbol eines himmlischen Ortes zeigte sich nun die Stadt mit reich gestalteten Häusern und Tempelbauten, mit Kuppeln, Zinnen und Türmen, die in den Garstner Nagelschmiedkrippen mit kleinen metallisch glänzenden Kugerln versehen sind.

Dem Krippenbauer sind keine Grenzen gesetzt. Und damit findet auch das Erscheinungsbild der heimischen Stadt in der Krippe seinen Platz mit Giebeldächern, geschwungenen Häuserfassaden oder mit schlanken Türmen; auch Uhrtürme kommen vor.

Die Frauen am Brunnen. Figurengruppe aus der Heindl-Krippe, Steyr

Das apokalyptische Bild des himmlischen Jerusalems aus Gold und Edelstein (Offb. 21), aber auch das Bild der Paradiesesstadt, von der Christus sagt, daß er dorthin gehe, um seinen Jüngern eine Wohnung beim Vater zu bereiten (Joh 14,2), wird vom Wunsch überlagert, die eigene Stadt, den gewohnten Lebensraum in der Krippe zu sehen. Damit erhält die Krippe neues Leben aus der Fülle der Volkskunst und der Volksfrömmigkeit.

Ein wesentliches Gestaltungselement in einer Kastenkrippe ist der Krippenzaun im Vordergrund der Krippenlandschaft. Er schließt das geheimnisvolle Geschehen der Geburt Christi dem Betrachter gegenüber ab und schafft so, zusammen mit dem Glas des Rahmens, der die Krippe schützt, eine Trennung zwischen dem Profanen und dem Heiligen. Er kann geflochten sein wie die korbartige Futterkrippe, in der das Jesuskind liegt, oder auch als einfacher Zaun gestaltet sein, in ochsenblutroter oder grüner Farbe, oftmals mit weißen Spitzen versehen. Und manchmal ist auch ein Gatter eingesetzt, damit man wirklich durchgehen kann und den Zaun nicht überspringen muß.[36] Krippensymbolik verbindet sich mit unreflektiertem Realitätssinn. Der Krippenbauer baut seine Krippe so, wie er sie sieht, wie er sich dem Jesuskind nähert.

Umrahmt wird die Kastenkrippe mit Tannenzweigen, die gleichmäßig und in gleicher Höhe in den Rahmen gesteckt werden. Sie symbolisieren wiederum das Leben.

Wenn nun die Kerzen in den kleinen Leuchtern am Rahmen der Krippe entzündet werden und der milde Schein den Stall mit der Heiligen Familie aus dem Dunkel heraushebt, wenn sich das Flackern des Lichts in den winzigen Fenstern der Häuser geheimnisvoll spiegelt, dann entsteht eine weihevolle Stimmung, die Kinder und Erwachsene in gleicher Weise erfüllt. Der Betrachter der Krippe ist hineingenommen in das Geheimnis des Geschehens der Heiligen Nacht, und es erfüllt ihn die frohe Botschaft von der Geburt des Erlöserkinds. Christus ist geboren, der Heiland der Welt.

Gloria-Engel

Rechte Seite: Tischgemeinschaft in einer Bauernfamilie

Krippenfigurenschnitzer beim Garstner Adventmarkt

Hirtengruppe beim Garstner Adventmarkt.
Bretterfiguren in Lebensgröße von Vev Aigner

Literaturhinweise

Fußnoten zu „Weihnachtskrippen aus Garsten, Steyr, Christkindl"

1 Oberwalder, Oskar: Die Linzer Weihnachtskrippen-Ausstellung. In: Heimatgaue. Linz 1922, S. 295 ff.

Kellner, Altman: Die Weihnachtskrippen von Kremsmünster. In: Oberösterreichische Heimatblätter. Linz 1968, S. 7 ff.

2 Grüll, Georg: Hirten- und Weihnachtslieder aus dem Gaflenzer Tal. In: Heimatgaue. Linz 1931, S. 91

Anmerkung: J.G. Staindorffer wohnte seit 1675 im Tischler- oder Riglerhaus im Garstner Buchholz, heutiges Lackner. Vgl. dazu: Begsteiger, Helmut: Garstner Haus-Chronik. Steyr 1986, S. 164

3 Vgl.: Luger, Walter: Marian Rittinger und Johann Karl von Reslfeld – zwei Barockkünstler von Garsten. Kulturzeitschrift Oberösterreich. Heft 2/1985, S. 47 ff.

4 Vgl.: Hahmann, Clara: Gedanken zur Restaurierung von Textilien. Kulturzeitschrift Oberösterreich. Heft 1/ 1982, S. 45 ff.

Lipp, Franz Carl: Krippen und weihnachtliche Volkskunst im Schloßmuseum zu Linz. 1964. S. 19

5 Vgl.: Perndl, Josef: Die Stiftskirche von Garsten. Ihre Baugeschichte und Ausstattung. Linz 1963

6 Pritz, Franz Xaver: Geschichte der Stadt Steyr und ihrer nächsten Umgebung. Steyr 1837 (Nachdruck 1965, S. 243).

Vgl.: Zetl, Jakob: Die Chronik der Stadt Steyer (1612 – 1635). Gedruckt als Mus. Jahr. Ber. XXXIII, Linz 1878

7 Kellner, Weihnachtskrippen von Kremsmünster (siehe[1]): S. 8

8 Die Annalen (1590 – 1622) des Wolfgang Lindner. Lateinischer Text, hrsg. von K. Schiffmann. In: Archiv für die Geschichte der Diözese Linz 1910 (Übersetzung nach Moser, Josef: Unveröffentlichtes Manuskript, Steyr o.J.).

9 Während Fastentücher und Fastenkrippen sehr selten sind, finden sich Nachbildungen des Heiligen Grabes in der Karwoche in vielen katholischen Kirchen Österreichs.

Eine interessante Darstellung einer Osterkrippe („Leiden Christi" als Kastenkrippe mit barockem Rahmen) befindet sich im Burgmuseum Wels.

Ein weiteres „Leiden Christi" wurde von Elfriede und Karl Mayer mit altem Figurenbestand aus dem Steyrer Raum neu gestaltet. (H: 65, B: 55, T: 20 cm. Privatbesitz, Garsten, 1991)

10 Kastner, Otfried: Linzer Krippen. Die weihnachtlichen Krippen in Linz und Umgebung. Wien 1966, S. 20

11 In der 1. Beschreibung der Bestände des 1895 neu geschaffenen „Städtischen Museums in Steyr" im Steyrer Geschäfts- und Unterhaltungskalender 1901 werden drei alte Krippen erwähnt, eine davon wird als Bauernkrippe bezeichnet. Es ist eine einfache Kastenkrippe.

12 Vgl. dazu: Steyrdorf. Arbeitshefte zur österreichischen Kunsttopographie. Verlag Schroll, Wien 1987

13 Zetl, Jakob: Chronik der Stadt Steyer, S. 38

14 Geramb und Zack: Das Steyrer Kripperl. In: Wiener Zeitschrift für Volkskunde. Wien 1919

15 Stifter, Alfred: Das Steyrer Kripperl. Steyr 1987

16 Vgl. dazu: Die Entstehung des Steyrer Kripperls. Überraschende Neuigkeiten über die Geschichte unseres Weihnachtstheaters. Von Laura Erlacher. Steyrer Zeitung vom 24. 12. 1953

17 Weitere Literatur zum Steyrer Kripperl:

Kastner, Die Krippe. Linz 1964, S. 94

Pailler, Wilhelm: Weihnachtslieder und Krippenspiele aus Oberösterreich und Tirol. Innsbruck 1881, 1. Band, S. XIV ff.

Jontes, Günther: Das Steyrer Kripperl. Szenenfolge aus dem letzten österreichischen Krippentheater. Begleitveröffentlichung zum wissenschaftlichen Film C 1814 der BHWK. Wien 1983, S. 61 – 69

Commenda, Hans: Volkskunde der Stadt Linz an der Donau. 2 Bde, Linz 1958, 1959. Zum Steyrer Kripperl: Band I, S.196

[18] Ein typisches Beispiel einer neu aktivierten Spielkrippe ist die Grundner-Krippe aus dem Jahr 1740 im Heimathaus Altenmarkt im Pongau. Kustos Josef Steger führt den Besuchern die beweglichen Figuren und Figurengruppen mit eigens dafür erfundenen Texten vor.

[19] Beitrag Oberwalder, Oskar: Die Linzer Weihnachtskrippen-Ausstellung 1922 (siehe[1]), S. 295

[20] Hilber, Johann: Pilgerreise in das Heilige Land in den Jahren 1851/52. Bruneck 1853 (Neudruck Verband der Krippenfreunde Südtirols. Bruneck 1988)

[21] Steyrer Zeitung vom 5. 1. 1928: Die neue Weihnachtskrippe der Vorstadtpfarrkirche und das „Sternsingen" in Steyr. Von Ulrich Schöndorfer

[22] Vgl.: Mayer, Karl und Elfriede: Garstner Kastenkrippen. In: 1000 Jahre Garsten. Festschrift, Steyr 1984, S. 143 – 156

[23] Perndl, Josef: 250 Jahre Christkindl. Geschichte der Wallfahrt und Beschreibung der Gnadenkirche. Linz 1958, S. 9

[24] Dazu Freudenpichl: „In der andern Capellen als zur Evangeli-Seiten formiret den Altar daß Leben unsers Jesus-Kindl, das ist die Bildnuß der Geburt Christi, welche Herr Johann Carl von Reselfeld inventiret, mit seinem Kunstreichen Pembsel mit jederman höchsten Vergnügung Lebend entworffen und dem Gnaden-Kirchl verehret." (Wunderwürckender Lebens-Baum, S. 43)

[25] Perndl, 250 Jahre Christkindl (siehe[23]). S. 23

[26] In seinem umfangreichen Pöttmesser-Archiv besitzt Herr Alois Leeb, Grödig, auch die handgeschriebene Chronik des Ferdinand Pöttmesser. Alois Leeb ist Stille-Nacht-Forscher und Herausgeber der „Bibliographie zur Weihnachtskrippe", erschienen 1982, 1984, 1985

[27] Geramb-Zack, Steyrer Kripperl (siehe[12]). S. 6

[28] Die Gottschee ist eine deutsche Sprachinsel in Krain. Vgl. dazu Commenda, Volkskunde der Stadt Linz. 1959, Band II, S. 93: Die Gottscheeberer verdienten ihr karges Brot in Wirts- und Kaffeehäusern durch Ausspielen von Leckerbissen. Dazu Viktor Geramb, Sitte und Brauch in Österreich, Graz 1948, S. 157: Man traf sie bei Kirtagen neben den Scherenschleifern und Kroaten mit Zwiebel- und Knoblauchkränzen.

[29] Illustrierter Steyrer Geschäfts- & Unterhaltungs-Kalender 1901, S. 113. Vgl. dazu den Hinweis im Bericht über die Krippenausstellung in Steyr 1923, daß „noch in den Siebzigerjahren die Besitzer solcher Gußformen ihre Tonfiguren zum Brennen" in die Betriebe der Handwerker brachten. (Kapitel „Alte Steyrer Krippen", S. 43)

[30] Bürge, Anton: Krippenbaubuch. Ein Leitfaden. Luzern 1945, S. 71

[31] Nach: Prohaska, Konstantin: Hinterglasmalerei als Hobby. Gossau 1977, Seite 27

[32] Kastner, Die Krippe. S. 7 f.

[33] Bogner, Krippen-Lexikon. S. 144

[34] Bogner, Krippen-Lexikon. S. 29

[35] Vgl. dazu: Franz Gillesberger, Zur Symbolsprache unserer Krippen. In: Salzkammergut-Zeitung, 2. Jänner 1986

[36] Bogner, Krippen-Lexikon. S. 91

[37] Bogner, Krippen-Lexikon. S. 90

Krippenliteratur

Bogner, Gerhard: Das große Krippen-Lexikon. Geschichte, Symbolik, Glaube. Süddeutscher Verlag, München 1981

Der Krippenfreund. Zeitschrift des Verbands der Krippenfreunde Österreichs. Innsbruck (laufende Folge)

Grass, Nikolaus (Hrsg.): Weihnachtskrippen aus Österreich. Verlag Felizian Rauch, Innsbruck 1966

Grieshofer, Franz (Hrsg.): Krippen. Geschichte, Museen, Krippenfreunde. Pinguin-Verlag, Innsbruck 1987

Kastner, Otfried: Die Krippe. Oberösterreichischer Landesverlag, Linz 1964

Krippen und religiöse Kleinodien. Katalog zur Weihnachtsausstellung 1985/86 im Salzburger Museum Carolino Augusteum. Salzburg 1985

Lipp, Franz Carl: Krippen und weihnachtliche Volkskunst im Schloßmuseum zu Linz, 1964. Überarbeitete Neuauflage 1999

Mayer, Elfriede: Wie der Jubelkarl ins Kripperl kam. Eine weihnachtliche Geschichte um die Nagelschmiedkrippe. Verlag Ennsthaler, Steyr 1998

Mayer, Karl: Krippenland an der Eisenstraße. Katalog zur OÖ Landesausstellung 1998 „Land der Hämmer", Linz 1998, S. 384ff.

Prillinger, Elfriede: Salzkammergut-Krippen und weihnachtliche Volkskunst. Aus der Sammlung des Kammerhofmuseums Gmunden. 1983

Stifter, Alfred: Das Steyrer Kripperl. Verlag Ennsthaler, Steyr 1987

Zenetti, Lothar: Das Jesuskind. Verehrung und Darstellung. Erich Wewel Verlag, München 1987

Ausstellungen, Öffnungszeiten, Kontaktadressen

Stiftsmuseum Garsten:
4451 Garsten, Am Platzl 2, Tel. 0 72 52/54 1 96 (Pfarramt Garsten). Geöffnet während des Adventmarkts, sonst nach Vereinbarung (ab 5 Personen).

Museum der Stadt Steyr:
4400 Steyr, Grünmarkt 26, Tel. 07252/575 (Magistrat der Stadt Steyr). Geöffnet April bis Oktober, Di. bis So. 10.00 bis 15.00 Uhr, November bis März, Mi. bis So. 10.00 bis 15.00 Uhr.

Steyrer Kripperl:
Verein Heimatpflege Steyr (Mag. Wolfgang Bernhauer, Stadtplatz 7, Tel. 0 72 52/52 0 20) und Tourismusverband Steyr (Stadtplatz 27, Tel. 0 72 52/53 2 29).
Spielzeit: Vom 1. Adventsonntag bis Lichtmeß.

Röm.-kath. Pfarramt Christkindl:
4400 Steyr, Christkindlweg 69, Tel. 0 72 52/54 6 22.
Die mechanische Krippe und die Pöttmesserkrippe sind in der Advent- und Weihnachtszeit und nach Vereinbarung zu besichtigen.

Garstner Adventmarkt:
4451 Garsten, am Platzl 9, Tel. 0 72 52/53 3 07 (Marktgemeindeamt, Kulturabteilung: Wolfgang Bauer). Der Adventmarkt findet am 1. und 2. Adventwochenende (jeweils Sa. und So.) und am 8. Dezember statt. Die Ausstellungen sind an diesen Tagen von 9.00 bis 18.00 Uhr geöffnet.

Verband der Krippenfreunde Österreichs:
Kontaktperson (Ortsgruppe Garsten): Vev Aigner, 4451 Garsten, St.-Berthold-Allee 28, Tel. 0 72 52/48 2 97.

Krippenschule Garsten:
Kontaktperson: Simone Rossacher, 4400 Steyr, Badgasse 1, Tel. 0664/1708080.

Krippentradition, Krippenforschung:
Dr. Karl und Elfriede Mayer, 4451 Garsten, St.-Berthold-Allee 7, Tel. 0 72 52/47 5 38.

Die Autoren:

Dr. Karl Mayer, geboren 1935, Studium der Germanistik und der Klassischen Philologie in Wien. Direktor des Bundesgymnasiums Steyr. Lehrbeauftragter am Pädagogischen Institut in Linz. Zusammen mit seiner Ehefrau Elfriede Mayer langjährige Beschäftigung mit der heimischen Krippentradition und Gestalter der Ausstellung alter Krippen beim Garstner Adventmarkt.

Gerald Kapfer: Intensive Beschäftigung mit der Fotografie seit 1978. Zahlreiche Preise im In- und Ausland: 1982 unter den TOP 25 Fotografen im Rahmen der PSA-Weltmeisterschaft sowie Goldmedaillen bei mehreren Amateur- und Profimeisterschaften. Veröffentlichungen bei vielen renommierten Verlagen und Fotofirmen; Reisediaschauen; Juror im In- und Ausland.

Zum Inhalt:

Puer natus est – ein Kind ist uns geboren. In diesem Satz mischt sich die Freude mit der Sehnsucht vieler Generationen, daß sich die Verheißung, ein Erlöser werde kommen, erfüllen möge.
Die Hirten, denen der Engel die Geburt des Heilands verkündete, verstanden die Botschaft. Sie sahen das Kind und erzählten den Leuten, was ihnen gesagt worden war.

So wird auch das Bild zur Botschaft, wenn wir nach dem Advent die Weihnachtskrippe aufstellen. Wir sollten uns ansprechen lassen von der schlichten volkstümlichen Darstellung des Geschehens um die Geburt des Jesukinds.

Garsten besitzt eine alte Krippentradition, die bis in die Zeit des 1787 aufgelösten Benediktinerklosters zurückreicht.
Berühmt ist die Buchsbaumkrippe von Marian Rittinger aus dem Jahre 1705. Das Steyrer Kripperl ist das letzte erhalten gebliebene Krippentheater im deutschsprachigen Raum. Und das „Gnadenreiche Christkindl im Baum unterm Himmel" ist auch heute noch Ziel so mancher Familienwallfahrt.
Das Gebiet um Garsten, Steyr und Christkindl ist als Krippenland mit eigenständiger Tradition der Kastenkrippe und der Loahmmandelfiguren aus 200 Jahre alten Steyrer Modeln neu entdeckt worden.